联合
世界

世界遗产
武陵源风景名胜区

韩锋　等著

同济大学出版社
TONGJI UNIVERSITY PRESS

课题资助：国家重点研发计划课题“遗产地生态保护和社区发展协同研究”
（课题编号 2016YFC0503308）

封面摄影：张勇

序一

Peter DeBrine
联合国教科文组织
可持续旅游高级项目官员

这项重要的试点研究项目始于2017年，由联合国教科文组织亚太地区世界遗产培训与研究中心（WHITRAP）负责开展、同济大学韩锋教授主持，是中国第一批实施联合国教科文组织“世界遗产与可持续旅游”的试点项目。

现时，COVID-19新冠肺炎危机对世界经济和社会产生了前所未有的影响，文化部门和旅游业也未能幸免，旅游业在2020年年初基本上陷入停滞。在新冠危机之前，每年有超过15亿人跨越国家边境，使旅游业成为世界上许多发展中国家经济增长、就业和收入的主要来源。旅游业为全球创造了十分之一的工作岗位，对全球GDP的贡献超过10%，为地方经济发展和减贫带来巨大机遇。

然而，持续增长的游客数量对一些旅游目的地产生了巨大的压力，导致旅游业与当地社区之间的冲突。“过度旅游”已成为全球大众旅游的特征写照。社会的平等、经济的稳定、季节性和脆弱性等因素，正在影响旅游目的地应对游客数量增长的韧性，并成为关键影响因素。与此同时，一些世界遗产目的地和地方社区则寻求更多游客来访，希望从中获益，这就需要在文化、自然旅游的管理和营销中采取全面多样的方法和策略。

为了解决这些问题，世界遗产委员会于2012年通过了联合国教科文组织“世界遗产与可持续旅游”项目，通过提高遗产地利益相关者的意识、能力，并鼓励其平等参与，来促进世界遗产地可持续旅游的管理和发展。该项目具有双重目标：保护世界遗产突出普遍价值（OUV），同时确保旅游业为当地社区的可持续发展作出贡献。项目以对话及利益相关者合作为基础，鼓励世界遗产和旅游业利益相关者共同承担责任，实现可持续发展，保护我们共同的文化和自然遗产。

联合国教科文组织感谢 WHITRAP 发起倡议，选取武陵源世界自然遗产和海龙屯世界文化遗产作为项目试点，以通过能力建设和比较分析，确定中国可持续旅游的相关主要问题和解决方案。

试点项目采用了联合国教科文组织世界遗产可持续旅游方法，在世界遗产地鼓励和促进所有利益相关者一起承担保护我们共同遗产的责任，并取得了阶段性的重要成果。试点项目的一个关键目标在于通过能力建设，根据地方实际情况和需要，对旅游业进行有效、负责任和可持续的管理，出发点是鼓励世界遗产的管理者为其所在地制定可持续旅游战略。试点项目的研究发现非常令人鼓舞，研究表明社区参与管理、理解 OUV 的重要性，不仅仅是为了确保旅游业不会带来负面影响，还在于努力创造使旅游业增强世界遗产 OUV、促进规划整合并加强治理的途径。COVID-19 新冠肺炎危机暴露出系统的脆弱性，亟需我们重新思考世界遗产地旅游管理方法，以增强社区和系统的韧性。

我们对 WHITRAP 和两处世界遗产地在这一重要过程中发挥的领导作用表示赞赏。他们通过社区外联以及利益相关者的合作，确立了可持续旅游的坚实基础。我们鼓励更多的世界遗产地参与“世界遗产与可持续旅游”试点项目，并从这些经验中受益。

对于联合国教科文组织而言，庆贺和认可最佳实践案例具有重要意义。我们赞扬 WHITRAP 以及两处遗产地的努力，并期待我们在这一重要旅程中继续保持合作，在动态变幻的世界中争取更具韧性的未来。

2020 年 5 月

序二

周俭
联合国教科文组织亚太地区
世界遗产培训与研究中心
（WHITRAP）秘书长

2012 年，世界遗产委员会在俄罗斯圣彼得堡第 36 届世界遗产大会上通过了联合国教科文组织“世界遗产与可持续旅游”项目（WH+ST）。2015 年，联合国教课文组织可持续旅游高级项目官员 Peter DeBrine 先生（WH+ST 项目负责人）来访联合国教科文组织亚太地区世界遗产培训与研究中心（WHITRAP），希望与我们一起在中国开展 WH+ST 试点项目。

可持续旅游是世界遗产地面临的全球性课题。中国世界遗产数量多、类型丰富、游客数量大，遗产地在获得经济利益的同时也面临着许多环境、遗产保护和管理上的压力，而亚太地区许多国家也面对着相似的机遇与挑战。WH+ST 中国试点项目的实施，将有助于实践联合国教科文组织的新理念、新目标和新措施，并将经验分享给其他世界遗产地。

同济大学韩锋教授曾代表中国政府参加了联合国教科文组织 WH+ST 文件的起草、战略和行动计划的制定，因此特别邀请她担任中国试点项目的负责人，并由 WHITRAP 项目专员李泓配合组建了项目团队，开展了一系列活动。翻译了《联合国教科文组织世界遗产与可持续旅游工作手册》，邀请国内外专家举办了 WH+ST 国际培训班，并于 2017 年初甄选了中国湖南省武陵源世界自然遗产和中国贵州省海龙屯世界文化遗产作为项目的两个试点地。在 2017 与 2018 两年时间内，项目团队深入两个遗产地调查、采访、研究、分析，与地方政府一起群策群力，完成了两个试点的《世界遗产与可持续旅游现状报告》和《世界遗产与可持续旅游建议书》。

2019 年年初，在同济大学召开了中国试点项目结题会。项目将 WH+ST 行动计划细化到地方的多规合一和管理机制，通过提高对突出普遍价值（OUV）的认知，阐述环境、文化、经济的关系，协调各利益相关者的诉求，提出从游客管理、旅游产品、服务提升到社区发展等方面的政策和方法建议，得到地方政府、评审专家和联合国教科文组织世界遗产中心官员的高度认可。

在此，特别感谢 Peter DeBrine 先生对中国试点项目的指导，感谢韩锋教授、李泓和其他团队成员在项目上的全身心投入，感谢武陵源和海龙屯遗产地各级政府的大力支持。首批中国试点项目是实施联合国教科文组织 WH+ST 的一个起点，本书的编辑出版是希望将我们的探索和经验与大家分享，共同推进 WH+ST 在全球的推广。

2020 年 5 月于 WHITRAP 上海中心

前言

世界遗产由于其超越国界的自然和文化突出普遍价值，以及联合国教科文组织的公信力，自诞生之日起便为全球所瞩目，成为国际最重要的旅游向往之地和目的地。

在世界遗产地管理中，遗产保护与旅游发展往往是最激烈的一对矛盾。大量国内国际游客的到来、旅游业的发展，在带来巨大经济效益的同时，也造成了对遗产地社会、文化和生态的负面影响。联合国教科文组织注意到，在世界遗产的申报与管理中，存在对旅游经济利益的逐利性，已经偏离了对世界遗产价值保护的初衷。

在国际范围内，遗产界和旅游界长期以来是两个对立的阵营。一个要“保”资源，一个要“用”资源。“保”的不考虑“用”，“用”的不考虑“保”。两者是否拥有共同的责任和分享？是否能建立有效的合作伙伴关系？合作基点在哪里？联合国教科文组织和联合国世界旅游组织就此长期存在的分歧展开对话和合作，于 2012 年设立联合国教科文组织世界遗产与可持续旅游项目（WH+ST）。项目确立了彼此共同承担保护世界遗产突出普遍价值的职责，提出以世界遗产价值的认知、保护、传播、展示和体验为核心的可持续旅游方法和策略，强调世界遗产的公众教育和价值传播，以可持续旅游为引擎，带动遗产地社会、经济、文化的全面发展。该项目第一次为两大阵营确立了以突出普遍价值的保护为合作基石，承认旅游及旅游业在世界遗产保护和遗产地社会经济发展中的重要贡献，从而架构起世界遗产保护与旅游发展之间的桥梁。

在中国的世界遗产地，遗产保护与旅游发展的矛盾和问题同样十分突出。首先，遗产地普遍存在遗产保护与旅游发展的对立观念，从根本上阻碍了各利益相关者之间的沟通与对话以及伙伴关系的建立。其次，在遗产地伙伴关系的建立中，各方缺乏对遗产价值及其对象的认知和认同，缺乏以价值保护为基石的协同合作，缺乏责任同担、价值共享的职责约定。再次，在方法和策略上，缺乏围绕遗产价值保护、展示、传播和体验的可持续遗产旅游方法和策略，过度的旅游设施建设和不恰当的旅游产品，长期损害遗产价值的真实性和完整性。

这些矛盾和问题，不仅具有国际普遍性，而且具有中国特殊性。游名山大川，访名胜古迹，自古以来便是中华民族的文化传统。近年来，随着世界遗产声誉的提升以及人民生活水平的提高，遗产地到访的国内外游客人数更是不断攀升。综合中国的人口基数、传统偏好以及城镇化进程等因素，中国世界遗产地的旅游发展在游客规模、旅游影响、设施建设及社会融合等方面承受着压力，面临着更为复杂和艰巨的挑战。为此，中国政府积极参加联合国教科文组织 WH+ST 项目，出任该项目指导委员会亚太区国家代表，体现了一个负责任的大国对履行《保护世界文化和自然遗产公约》的庄严承诺，以及促进遗产地繁荣发展、为人民谋福利的决心。

2012—2014年间，笔者有幸受中国联合国教科文组织全国委员会的委托，代表中国政府全程参加 WH+ST 项目的起草和文件的制定。此后，在联合国教科文组织世界遗产中心的支持下，联合国教科文组织亚太地区世界遗产培训与研究中心（上海）（WHITRAP Shanghai）于 2016 年举办全球首个世界遗产与可持续旅游的培训班，2017 年启动 WH+ST 首批中国试点项目。武陵源风景名胜区世界自然遗产和中国土司遗产海龙屯世界文化遗产，成功进入首批试点项目。

中国试点项目的开展，旨在全面、具体地落实 WH+ST 项目的各项措施和目标。试点项目将遗产地保护与旅游发展的焦点问题置于国际框架之中进行有针对性的考察，项目的研究和示范在系统的理论指导和方法框架下展开。试点项目尤其关注中国世界遗产地的价值体系问题，将世界遗产突出普遍价值与遗产地的国家代表性价值和地方代表性价值视为一个整体，完整地考察中国世界遗产地的价值体系及其特点，理解各利益相关者的立场和动机，并将此作为沟通各方利益和诉求的基础。通过对试点遗产地的研究与示范，探索、发展适合中国国情、解决中国问题、具有中国特色的世界遗产保护与可持续旅游发展策略，在国际理论、方法和框架中贡献中国价值，传递中国声音，并将中国世界遗产地的保护与管理提升至国际领先水平。

WH+ST 中国项目的实施，得到了世界遗产所在地各级政府、各级管理部门以及遗产地各利益相关者的热情响应和大力支持，他们是世界遗产的真正守卫者。感谢试点遗产地各界与我们共同分享矛盾与困惑，探索与前行，让我们有深入了解遗产地、展示遗产地、向遗产地学习和一起工作的机会。在此，向武陵源、海龙屯以及全国世界遗产地各界表达我们最诚挚的感谢和敬意！

特别致谢联合国教科文组织世界遗产可持续旅游高级项目官员 Peter DeBrine 先生。从 WH+ST 项目的起草和文件制定开始，我们便一直在一起并肩工作。项目的培训、试点项目的设立、项目的验收，他都亲临 WHITRAP 上海中心，并深入武陵源现场进行考察和指导，与遗产地管理部门、社区居民、旅游从业者座谈，宣贯世界遗产，传达联合国教科文组织促进遗产保护与社区共荣发展的理念和政策，并把武陵源的声音传递到世界遗产国际舞台上。

集结出版 WH+ST 中国试点项目的系列研究和示范成果，旨在分享试点遗产地可持续旅游发展的经验教训和探索之路，相信脚踏实地所付出的努力一定会惠及其他世界遗产的保护与发展。我们期待有更多的世界遗产地加入 WH+ST 项目，在经过多个遗产地的研究和示范探索后，世界遗产与可持续发展的中国道路终将渐行渐明。

本著作成果基于本人主持的《世界遗产与可持续旅游——武陵源世界遗产中国试点项目》。感谢项目组成员徐青、张琳、韩波、方世明、杨学军、郭光普、杨晨、寇怀云、许晓青、任伟；感谢参加现场调研和数据分析统计的博士生王溪、毕雪婷、李婧，硕士生李璟昱、程安祺、韩画宇、陈俐、张雨琦、庄安頔、郭晓彤、周天鸿，本科生陈昱萌、罗蔚榕、刘锟山以及 WHITRAP 实习生郭昭隽、付梓杰、邱仁建、蒋菲、陆砚池、许基伟；感谢 WHITRAP 项目专员李泓，WHITRAP 项目培训授课专家 Peter Debrine、Art Pedersen、张朝枝、杜杰、杨小茹、薛志坚、任和昕、陈春华，WHITRAP 工作团队陆伟、李泓、罗希、裴洁婷、王一诺、林玠均。特别感谢项目顾问肖潜辉、但文红、肖时珍三位教授亲临遗产地授课培训！

韩锋

2020 年 1 月于同济大学

目次

天子山御笔峰

韩锋 摄

天桥遗墩

杨素琴 摄

1

联合国教科文组织世界遗产与可持续旅游项目

1972年，联合国教科文组织（United Nations Educational, Scientific and Cultural Organization，UNESCO）《保护世界文化和自然遗产公约》（*Convention Concerning the Protection of the World Cultural and Natural Heritage*，简称《世界遗产公约》）诞生。《世界遗产公约》是一份具有卓越远见的法律文书。在过去的近五十年里，全球各国联手合作，致力保护超越国界、具有全人类“突出普遍价值”（Outstanding Universal Value，OUV）的世界自然和文化遗产，取得了重大而辉煌的成就。

但是，《世界遗产公约》在成为国际上最成功的公约之一的同时，也遭遇到创始之初难以预见的挑战。作为公约的目标和世界遗产赖以获得公信力的核心，OUV并没有得到社会公众的广泛认同；遗产地社区、管理者及慕名前往的游客，对遗产保护的价值和目标也远未达成一致。遗产地普遍存在着旅游经济发展、基础设施建设、法律制定和管理等方面的问题，存在着对世界遗产趋利性及竞争性的利用。[①]世界遗产保护与可持续旅游发展成为最具挑战性的全球性议题之一。

① WHC, *Evaluation of the Global Strategy and the PACT Initiative*, WHC-11/18.GA/8 (Paris: UNESCO, 2011).

1.1

世界遗产与可持续旅游项目背景

世界遗产保护与旅游发展之间的矛盾源于世界旅游业半个多世纪以来持续强劲增长的背景。据联合国世界旅游组织（United Nation World Tourism Organization，UNWTO）统计，2018 年全球国际游客数比 2017 年增长 5%，达到 14 亿人次。亚太地区游客到达数和旅游收入以 7% 的高增长率领先全球其他区域（图 1-1）。2018 年，中国的国际入境过夜游客数高达 6300 万人次，排名世界第四；旅游收入 400 亿美元，排名世界第十（图 1-2，图 1-3）。据 UNWTO 预测，至 2030 年全球国际游客人次将达到 18 亿（图 1-4）。[①]

在世界旅游业市场中，世界遗产地是全球最重要的旅游目的地，每年游客量增长约为 10%，游客人数和旅游收入每十年可翻两至三倍。[②] 全球各国的世界遗产地都面临着旅游业带来的巨大机会和挑战。

① UNWTO, *International Tourism Highlights: 2019 Edition* (Madrid: UNWTO, 2019).

② 朱煜杰、努尔·撒拉萨：《全球化语境下的遗产旅游研究及其反思》，《西南民族大学学报：人文社会科学版》，2014 年第 7 期 13 页。

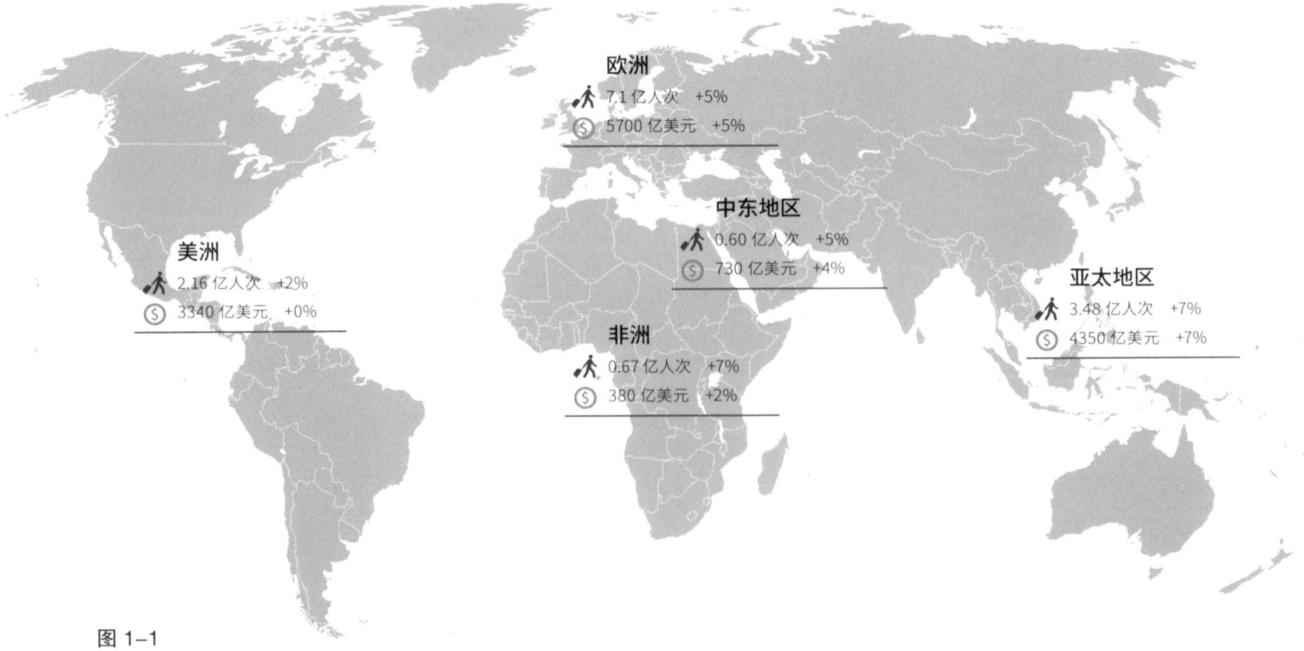

图 1–1
2018 年全球游客旅游到达人数和旅游收入统计
UNWTO, *International Tourism Highlights: 2019 Edition* (Madrid: UNWTO, 2019), p.3.

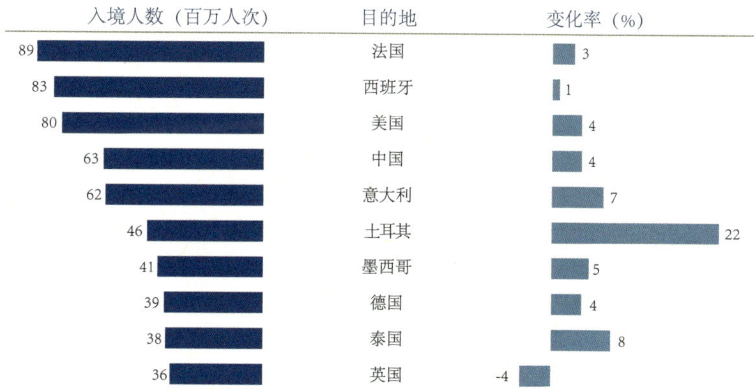

图 1-2

2018 年世界旅游入境人数前十名国家

NWTO, *International Tourism Highlights: 2019 Edition* (Madrid: UNWTO, 2019), p.3.

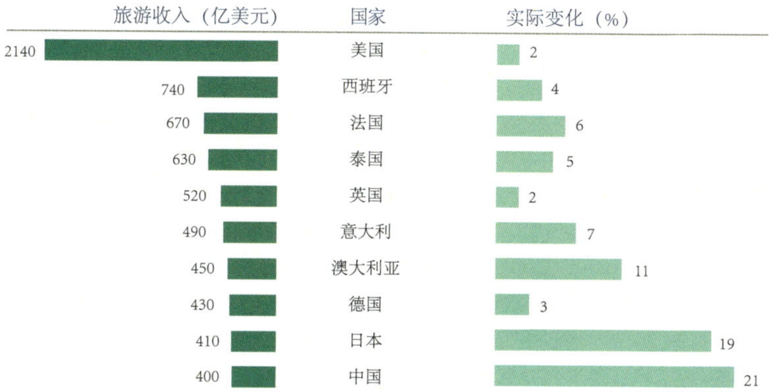

图 1-3

2018 年世界旅游收入前十名国家

NWTO, *International Tourism Highlights: 2019 Edition* (Madrid: UNWTO, 2019), p.3.

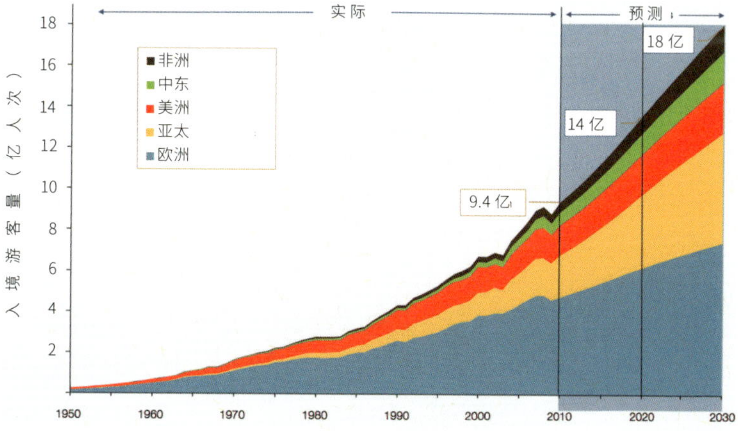

图 1-4

2015—2030 年全球旅游人数实际趋势及预测

UNWTO, *International Tourism Highlights: 2017 Edition* (Madrid: UNWTO, 2017), p.14.

世界遗产委员会（World Heritage Committee，WHC）指出，世界遗产地可持续旅游面临着十大挑战[①]：

(1) 缺乏对遗产价值和 OUV 概念的认识，未能彻底分析、理解和考量对世界遗产的破坏所将付出的代价；
(2) 政策制定未能充分考虑可持续性发展问题，对当地社区缺乏支持和考量，制度安排不能充分支持可持续的目的地；
(3) 关键的制度安排不能充分支撑可持续目的地管理的目标，无法保证实现旅游业的全部价值；
(4) 地方和社区对遗产缺乏所有权；
(5) 遗产地规划、发展、经营与管理缺乏实施可持续旅游的方法与途径；
(6) 对不同利益相关者的需求缺乏理解和考虑，利益相关者之间缺乏对话与沟通；
(7) 一旦做出投资决定便难以改变的旅游模式和经济方式，可能导致不可持续的旅游业发展；
(8) 地方系统的复杂性、历史性以及相互竞争的价值观对可持续发展的管理提出挑战；
(9) 对基于适当和因地制宜价值观的规划过程的需求；
(10) 所有决策过程的政治性。

遗产地与外部世界、遗产地内部之间均存在趋利性竞争。世界遗产地旅游基础设施的过度建设、超出承载能力的游客量、品质低下的旅游产品、旅游经济利益的竞争，以及对世界遗产资源的掠夺性消费，导致遗产保护与旅游发展之间矛盾重重。遗产地内游客、旅游从业人员、当地居民、行政管理人员等利益相关方之间也存在着激烈的利益冲突，难以就遗产保护合力共谋、达成共识，造成一些世界遗产地“退化”得非常快。[②]

世界遗产委员会早在 2001 年就开始关注这些矛盾，继而将“世界遗产旅游项目”拟定为世界遗产四大主题项目之一。[③]在 2010 年巴西第 34 届世界遗产大会上，再次强调旅游对于世界遗产既是机遇又是挑战，由此要求“世界遗产中心设立有关世界遗产与可持续旅游的新项目，召集感兴趣的缔约国和利益相关方组成指导委员会，要求世界遗产中心阐明项目的目标及实施方法”[④]。此前已完成的“世界遗产旅游项目”评估

① WHC, *World Heritage Tourism Programme*, WHC-12/36.COM/5E (Paris: UNESCO, 2012). P.3.

② WHC, *Evaluation of the Global Strategy and the PACT Initiative*, WHC-11/18.GA/8 (Paris: UNESCO, 2011), p.6.

③ WHC, *Report on the World Heritage Thematic Programmes*, WHC-10/34.COM/5F (Paris: UNESCO, 2010).

④ WHC, *Report on the World Heritage Thematic Programmes*, WHC-10/34.COM/5F (Paris: UNESCO, 2010).

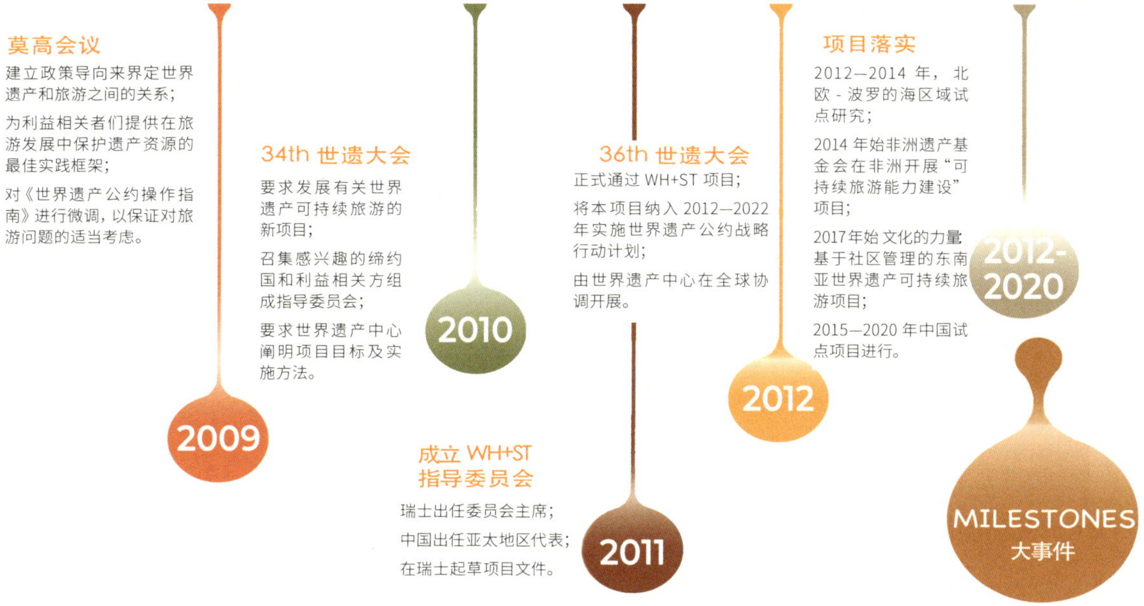

图 1-5

UNESCO 世界遗产可持续旅游项目（WH+ST）大事记

意见、莫高窟“促进自然和文化遗产地的可持续旅游”国际会议提出的政策导向、所阐述世界遗产与可持续旅游之间的关系等，成为联合国教科文组织“世界遗产与可持续旅游项目”（World Heritage and Sustainable Tourism Programme，WH+ST）的工作基础。[①]

WH+ST 项目是联合国教科文组织与联合国世界旅游组织的首次联手，以共同寻求世界遗产保护与发展的双赢路径。2011 年 10 月，WH+ST 指导委员会成立，由 UNESCO 地区成员国代表德国、斯洛文尼亚、阿根廷、中国、坦桑尼亚、黎巴嫩，以及世界遗产中心、世界遗产咨询机构（IUCN、ICOMOS 和 ICCROM）、联合国世界旅游组织和瑞士政府代表组成，并由瑞士出任指导委员会主席。UNESCO 世界遗产中心联合 UNWTO 在瑞士召开专家会议，共五十余名专家参与，由指导委员会下的工作小组负责起草 WH+ST 项目文件。

2012 年，在俄国圣彼得堡召开的第 36 届世界遗产大会上，世界遗产委员会正式通过了草案文件，正式成立 WH+ST 项目，并将其纳入《2012—2022 年实施世界遗产公约战略行动计划》，由世界遗产中心在全球协调开展（图 1-5）。[②]

---

① WHC, *Draft final report of the UNESCO World Heritage Tourism Programme evaluation*, WHC-10/34.COM/INF.5F.3 (Brasilia: WHC, 2010); WHC, *Report on the international workshop "Advancing Sustainable Tourism at Natural and Cultural Heritage Sites", Mogao Caves, 26-29 September 2009*, WHC-10/34.COM/INF.5F.1 (Paris: UNESCO, 2010).

② WHC, *World Heritage Tourism Programme*, WHC-12/36.COM/5E (Paris: UNESCO, 2012).

在《世界遗产公约》的原则下，WH+ST 项目形成新的工作范式：以旅游促进世界遗产地的保护、保存和传承服务；以可持续发展为前提，减轻旅游给遗产地带来的风险和威胁，增强地方社区的权益与参与度。新范式为世界遗产旅游目的地提供了一个全面的、战略性的、兼顾“自下而上”和“自上而下”的操作方法，不仅回应决策层的战略目标，还反映了地方需求以及落实目标的能力。

1.2 试点项目的愿景、任务和目标

联合国教科文组织 WH+ST 项目提出了基于协商对话和利益相关者合作的新方法，鼓励目的地将旅游发展与遗产管理规划相结合，珍视、保护自然和文化遗产，并恰当发展可持续旅游。[①]

1.2.1 项目愿景

世界遗产与旅游的利益相关者共同保护文化和自然遗产的 OUV，通过合理的旅游管理实现可持续发展。

1.2.2 项目任务

通过提升保护意识和能力，以及平衡各利益相关者的诉求，促进世界遗产可持续旅游的管理和发展，保护世界遗产 OUV；同时，确保旅游服务于遗产保护以及地方社区的可持续发展，使游客享受高品质的旅游体验。为确保愿景和任务的实现，应着重考虑六个关键因素：

(1) 通过宣传《世界遗产公约》及其工作机制，加强旅游的可持续性；

(2) 从国家、地区、当地三个层面的政策、规划、机制等方面，落实文化和自然遗产的有效管理，推动可持续旅游发展；

(3) 使所有利益相关者有意识地共同承担促进地方可持续发展的责任，同时，具备旅游管理和可持续发展的能力；

(4) 使地方社区对世界遗产怀有自豪感，能自觉地为遗产保护和旅游管理做出贡献；

① WHC, *World Heritage Tourism Programme*, WHC-12/36.COM/5E (Paris: UNESCO, 2012).

(5) 使旅游相关部门和业界尊重世界遗产价值，并参与保护世界遗产的活动，确保在世界遗产地开展负责任的旅游活动，促进地方的社会和经济发展；
(6) 使游客理解、尊重世界遗产的 OUV，并为自己的行为负责。

1.2.3 项目目标

由此，项目确定以下五大目标：

(1) 将可持续旅游基本原则纳入《世界遗产公约》的工作机制；
(2) 利用世界遗产地现有的政策和管理机制，进一步加强可持续旅游，助力文化与自然遗产 OUV 的保护与管理政策环境的改善；
(3) 推动更广泛的利益相关者加入可持续旅游规划、发展和管理工作，促进旅游目的地的遗产保护和社区权益保障；
(4) 根据地方实际情况与需要，为世界遗产的利益相关者提供能力建设活动和应对方法，实现旅游管理的有效性、责任性和可持续性；
(5) 提供高质量的旅游产品和服务，引导各利益相关者负责任地行动，使其认识并珍视 OUV，从而主动保护世界遗产。

1.3 项目全球试点与《行动计划》

围绕以上五大目标，世界遗产中心确定了四个层面的《行动计划》：政策与战略、工具与指南、能力建设、遗产线路管理和营销。

1.3.1 政策与战略

通过制定支持可持续旅游的相关政策和框架，鼓励利益相关者从世界遗产地实际出发，参与可持续旅游的规划、开发和管理；同时，提高当地社群的参与程度，为管理自然和文化遗产提供有利环境及重要手段。如 2013 年，UNESCO 和 UNWTO 在联合国教科文组织 / 尼德兰信托基金（UNESCO/Netherlands Funds-in-Trust）的支持下，启动“丝绸之路遗产廊道遗产保护与可持续旅游计划”，为丝绸之路遗产廊道提供政策指导和可持续旅游战略，优化游客管理、展示宣传等工作方法。

1.3.2 工具和指南

旨在从当地环境条件和实际需要出发，为可持续旅游提供工具和手段，实现旅游管理的有效性、责任性和可持续性。UNESCO 制定了《世界遗产可持续旅游工作手册》（*World Heritage Sustainable Tourism Toolkit*，简称《工作手册》），帮助全球遗产地管理者（尤其在缺乏有效管理工具和技能的遗产地）、旅游专家、保护专家，以及相关社群理解发展可持续旅游的可能性和关键优势，制订最适合当地环境的方案，促进知识和技术的开发。

《工作手册》提出十项促进世界遗产可持续旅游发展的步骤和具体措施，包括：

(1) 综合调查遗产地旅游状况，对旅游可持续发展进行评估；
(2) 制订推进方案，兼顾遗产保护和旅游效益的发挥；
(3) 完善旅游目的地管理机构，提高管理和预防能力，以促进有效管理；
(4) 鼓励当地社群和企业参与，实现遗产保护和旅游发展的共赢；
(5) 加强与游客沟通交流，确保旅游对世界遗产的合理利用以及世界遗产价值的充分展示和阐释；
(6) 合理开发和建设旅游基础设施，科学规划空间布局，尊重世界遗产 OUV；
(7) 通过文创产品、旅游体验和服务增加文化旅游价值，满足旅游市场需求；
(8) 管理游客行为，关注目的地游客接待能力，制订相应计划；
(9) 确保资金支持；
(10) 按照目标清晰、数据量化、分工明晰、务实可行和节点明确的标准，对 WH+ST 项目进行监测。

联合国教科文组织二类机构“亚太地区世界遗产培训与研究中心”上海分中心（简称“亚太遗产中心（上海）”）翻译了《工作手册》。此外，UNESCO 还建立“人人保护遗产”（People Protecting Places）公共交流平台，提供教育、信息和支持，促进社会和社区对话。

1.3.3 能力建设

在全球范围推进 WH+ST 项目，通过试点项目，加强能力建设，帮助遗产地加强可持续旅游管理。

2012—2014 年，由联合国教科文组织二类中心北欧世界遗产基金会（Nordic World Heritage Foundation）牵头，围绕 WH+ST 项目宗旨，在北欧 – 波罗的海区域选取了 15 处世界遗产地进行了试点研究。研究提出了“世界遗产可持续旅游分析”的初步框架，包括影响可持续旅游的清单，清单涵盖组织管理、监测、地方社区、环境问题以及游客管理等重要议题。

2014 年 11 月，WH+ST 项目在非洲启动“可持续旅游能力建设”子项目（简称“非洲项目”）。在马拉维、南非、坦桑尼亚和赞比亚选定了四处世界自然遗产地进行试点研究，由非洲遗产基金会主持。在每个国家组织三次工作营，指导遗产地利用《工作手册》建立可持续旅游战略，重点关注和加强利益相关者在可持续旅游发展和管理中的参与和协作。

2015 年，世界遗产中心、UNESCO 印度尼西亚雅加达办事处和马来西亚政府共同开展东南亚地区的若干培训，旨在通过以社区为基础的可持续旅游管理方法，制定可持续旅游战略目标。试点包括马来西亚的马六甲海峡历史名城（马六甲、乔治城），菲律宾的科迪勒拉山水稻梯田，以及印度尼西亚的巴厘省文化景观。

4. 遗产线路管理和营销

文化旅游是全球最大、发展最为迅速的旅游市场。文化和创意产业越来越多地用于目的地的宣传，以提高竞争力和吸引力。UNESCO 致力于建立利益相关方网络，协调不同遗产线路目的地管理和营销，实现世界遗产独特的、高品质的旅游体验，促进基于遗产价值的可持续发展并创造更多旅游价值。

1.4

中国试点项目

自 1985 年加入《世界遗产公约》至 2019 年 7 月，中国已有 55 个项目被 UNESCO 列入《世界遗产名录》，包括世界文化遗产 37 项，世界自然遗产 14 项，世界文化与自然双遗产 4 项。根据国家旅游局统计数据，2018 年全年中国国内游客人次已达 55.4 亿人次，比上年增长 10.8%。① 世界遗产地是中国最受欢迎的旅游目的地，根据中国青年报 2017 年的社会调查，72.1% 的中国游客至少去过一个世界遗产地，②《中国世界文化遗产 2018 年度总报告》数据显示，中国 38 项世界文化遗产 98 处遗产地共接待游客量 4.89 亿人次，占全国游客总量的 8.83%，平均每个遗产地的游客量为 499.51 万人次，比上年增长 10.27%。作为开放性遗产的杭州西湖文化景观，2018 年游客达 1.88 亿人次（图 1-6）。③ 中国世界遗产地还吸引了大量国际游客，2018 年中国遗产地接待境外游客超过 1246.2 万人次，占全国入境游客总人数的 9.7%。④

旅游业在促进国家经济增长，提高了旅游目的地社区生活水平的同时，也给遗产地保护和管理带来巨大压力，遗产地保护与发展之间的矛盾十分突出。中国世界遗产保护与可持续旅游在实践中遭遇的问题在全球范围内具有挑战性和代表性，因此，WH+ST 在中国的落实具有全球示范意义。

2015 年，UNESCO 世界遗产中心决定于 2015—2020 年在中国试点 WH+ST 项目，由亚太遗产中心（上海）负责具体实施。中国试点项目

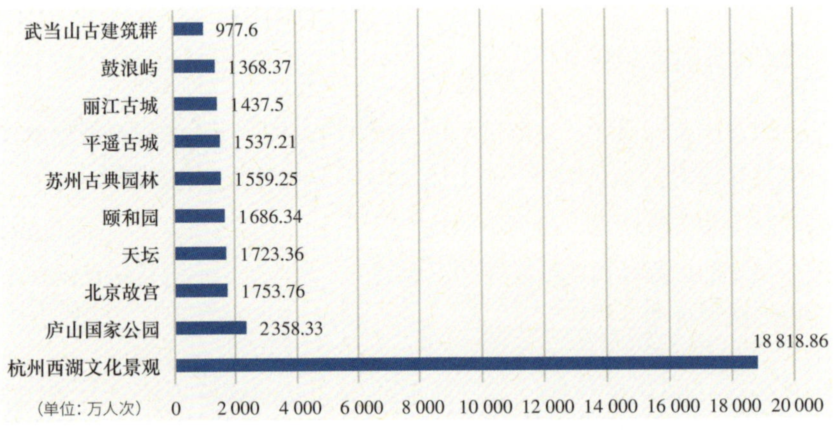

图 1-6

2018 年中国游客量排名前十的遗产地（长城、大运河、丝绸之路除外）

据中国文化遗产研究院：《中国世界文化遗产 2018 年度总报告》，《中国文化遗产》2019 年第 6 期数据绘制。

① 国家统计局：《2018 年国民经济和社会发展统计公报》，2019，http://www.stats.gov.cn/tjsj/zxfb/201902/t20190228_1651265.html.

② 孙山、伍越：《73.1% 受访者会把世界遗产景点作为旅行目的地》，《中国青年报》2017 年 8 月 8 日第 7 版。

③ 《中国世界文化遗产 2018 年度总报告》数据来源为遗产地监测年度报告。2018 年共计 38 项遗产（含 34 项世界文化遗产与 4 项混合遗产，另外 2 项世界文化遗产未提交报告）的 98 处遗产地提交了监测年度报告，其余 14 处遗产地未提交报告。

④ "2018 年我国世界遗产地接待境外游客 1246.2 万人次"，央广网，2019 年 5 月 31 日，http://news.cnr.cn/dj/20190531/t20190531_524633768.shtml.

基于 WH+ST 的五大目标，推广应用《工作手册》，促进落实联合国教科文组织 WH+ST 项目的核心内容。

中国试点项目预期完成以下三个任务：

(1) 宣贯联合国教科文组织 WH+ST 项目，促进 WH+ST《行动计划》的实施；

(2) 通过能力建设，提高遗产地对世界遗产 OUV 的认识，提高对世界遗产和可持续旅游的管理能力；

(3) 通过中国试点案例的调查研究，鉴别中国世界遗产地可持续旅游的主要议题，制定遗产地 WH+ST 项目的实施策略和途径，并作出全球示范。

项目工作流程及框架如图 1-7 和图 1-8 所示。

2016 年 6 月，亚太遗产中心（上海）开设全球首个 WH+ST 项目国际培训班（图 1-9）。中国 33 个世界遗产地（包括预备清单）的领导骨干管理人员参加了为期一周的培训。UNESCO 世界遗产中心 WH+ST

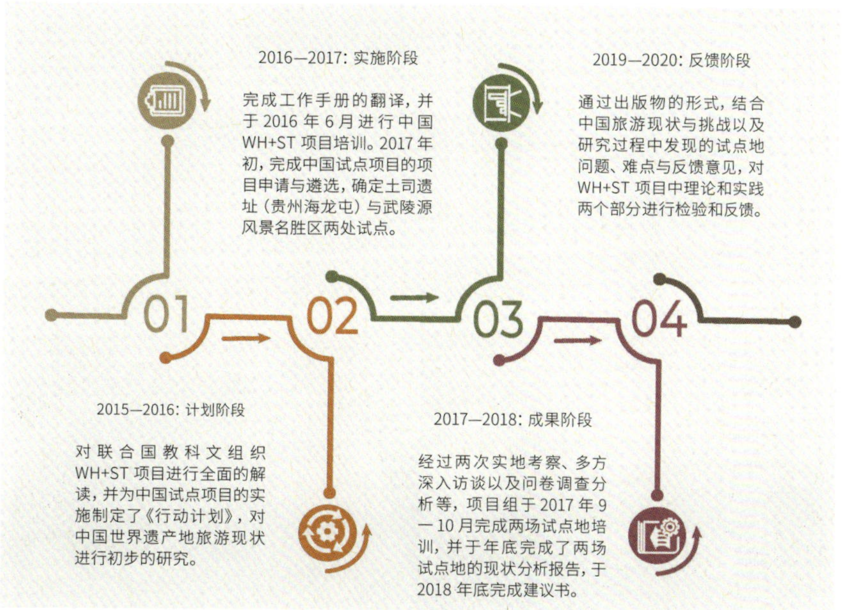

图 1-7
WH+ST 中国试点项目工作流程

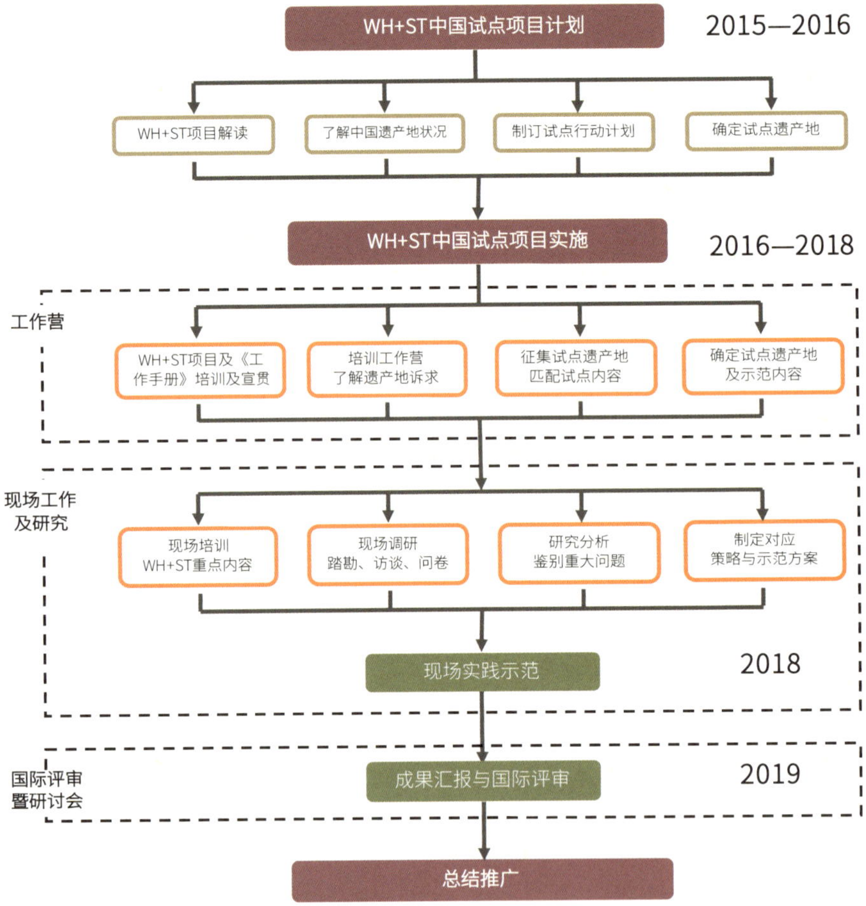

图 1-8

WH+ST 中国试点项目工作框架

图 1-9

亚太遗产中心（上海）举办全球首个 WH+ST 项目国际培训班

项目负责官员 Peter DeBrine 对项目的国际文件背景、实施要求作了详尽的解释和宣贯。遗产地管理人员针对中国遗产地普遍存在的管理困境以及可持续旅游带来的机遇和挑战，结合各自所在遗产地的具体情况，围绕“旅游发展与价值保护的矛盾”“旅游与管理”“旅游经济与产品”“利益相关者的参与”和“遗产维护和公共意识的开发”等核心问题，与国际、国内资深培训专家进行了充分的互动和交流，为试点项目提供了关键研究示范方向和重点，奠定了项目开展的基础。

以此为基础，WH+ST 中国试点项目确立了四条标准以遴选试点单位：

第一，遗产保护工作的迫切性及地方积极性。中国有相当一部分世界遗产地，由于其保护状况及可持续旅游问题，面临着每年一度的世界遗产委员会审议压力，必须对世界遗产委员会的相关决议做出回应和改进。其他遗产地也普遍存在遗产保护和旅游发展的矛盾。WH+ST 中国试点项目遴选，既考虑遗产地存在问题的突出性，也基于遗产地寻求指导和合作的主动性和积极性。

第二，遗产地类型的多样性和差异性。根据 UNESCO《实施〈世界遗产公约〉操作指南》（简称《操作指南》），世界遗产分为文化遗产、自然遗产、文化和自然混合遗产，文化遗产分为文化景观、历史城镇和城镇中心、遗产运河、遗产线路等。中国试点项目希望选取不同类型的典型遗产地，进行示范研究和实践，以期全面反映遗产地问题的复杂性及其不同的解决策略。考虑 WH+ST 项目强调遗产地社区居民、旅游企业及从业者、遗产管理者等不同利益相关者之间的协调与共荣关系，因此优先考虑“活态遗产”为试点项目。

第三，项目社会资源的可用度。试点项目的推进离不开地方资源的积极投入，因此需充分考虑社会资源和时间的调配度。通过 WH+ST 项目的宣贯，政府、居民、旅游经营者、管理者等利益相关方积极配合开展工作的意愿，以及提供必要人力、物力的支持力度，是项目成功的基本保障。

第四，研究与示范方向契合度。试点项目的研究和示范方向围绕《工作手册》的“理解、战略、监管、参与、交流、设施、价值、行为、投资、监测”十个基本点展开，根据遗产地实际状况及需求，从十个基本点中提炼若干个研究和示范方向开展项目合作。

基于上述遴选标准，2017年4月，亚太遗产中心（上海）确定了中国两个试点世界遗产——世界自然遗产武陵源风景名胜区和世界文化遗产土司遗址（贵州遵义海龙屯）。2017年4月5日，亚太遗产中心（上海）正式与这两个中国世界遗产地签订“世界遗产与可持续旅游项目”合作协议（图1-10），旨在通过专家团队与遗产地多方利益相关者的深入合作，将遗产地OUV的解读、保护、传播和体验有效融入遗产地可持续旅游发展之中；厘清遗产地存在的问题，制定对应策略并加以示范实践，提高遗产地的整体管理水平；进而提升中国世界遗产保护的国际形象，探索中国经验，建立国际一流的世界遗产保护与管理示范。

图 1-10
WH+ST 中国试点项目合作协议签订仪式

金鞭溪

韩铮 摄

天生桥

韩锋 摄

2 世界自然遗产 武陵源风景名胜区试点计划

作为我国第一批申报并登录《世界遗产名录》的世界自然遗产，武陵源风景名胜区的保护与发展状况一直受到国际社会的高度关注。自1992年登录以来，武陵源由于出现诸多保护问题，在1998年接受世界遗产中心、IUCN现场监测评估。此后，多次被要求向世界遗产委员会提交保护状况报告，并于1998年、2015年、2019年交世界遗产大会审议。[①]

武陵源遗产地旅游发展在为当地带来巨大社会经济发展机会的同时，也带来巨大的保护管理压力，使得中国政府以及遗产所在地方政府，一直处于国际、国内的风口浪尖。武陵源世界遗产试点计划致力于探索世界遗产保护、可持续旅游与社区经济繁荣之间的平衡发展，向国际社会展示中国政府履行《世界遗产公约》的决心。在尊重法律、科学规律、文化传统的前提下，寻求世界遗产保护与可持续旅游的协同创新。

① 详细文件请参阅联合国教科文组织世界遗产中心官网：https://whc.unesco.org/en/list/640/documents/.

2.1

武陵源世界遗产入选理由

武陵源世界遗产基于以下三点理由入选 WH+ST 中国试点项目：

第一，具有世界遗产的标杆性。武陵源风景名胜区世界自然遗产，于 1992 年被列入《世界遗产名录》，是中国首批登录世界遗产的三个自然遗产之一。

第二，具有实施 WH+ST 项目的迫切性。武陵源世界遗产保护与遗产地旅游发展的矛盾十分突出，自登录以来一直为国际、国内重点关注。世界遗产委员会已要求遗产地于 1998 年、2002 年、2012 年、2015 年、2019 年提交《武陵源世界遗产保护状况报告》[①]，IUCN 在 2014 年、2017 年分别将其列入“重点关注”类别，遗产地急切寻求遗产保护与旅游发展的可持续路径。[②]

第三，发展模式具有典型性和代表性。武陵源世界遗产是中国首批资本介入发展旅游的遗产地，其旅游产业一直是武陵源区乃至张家界市的经济支柱，是当地居民生活的主要收入来源，是中国遗产地旅游的标杆。其旅游发展模式、遗产保护与旅游发展之间的矛盾，突出反映了中国国情及社会发展等综合性问题。

武陵源世界遗产试点项目运用 WH+ST 新方法，围绕目标和愿景，深入探究武陵源世界遗产保护和可持续旅游发展的症结问题，探索针对性的解决方法和发展路径，有助于帮助世界遗产地管理者、旅游专家、保护专家以及遗产地社区理解可持续旅游的可能性和关键优势，提升各利益相关方有关世界遗产保护与可持续旅游发展的意识与能力，加强各方的参与合作。在保护武陵源世界遗产 OUV 的同时，维持旅游供给与地区生态环境的协调性、文化的完整性，提升游客体验，促进地方经济的良性循环，改善当地居民生活水平，最终实现遗产保护和旅游发展的共赢；同时，将项目的示范性通过世界遗产平台传递给世界。

① 详细文件请参阅联合国教科文组织世界遗产中心官网：https://whc.unesco.org/en/list/640/documents/.

② IUCN, “Conservation Outlook Assessment: Wulingyuan Scenic and Historic Interest Area,” 2014, 2017, https://worldheritageoutlook.iucn.org/explore-sites/wdpaid/67731.

2.2

武陵源世界遗产保护历程

国际社会对武陵源风景名胜区问题的关注，既与中国社会经济的发展阶段紧密联系，也与国际遗产保护理念及其变化密切相关。作为世界遗产及世界地质公园的武陵源风景名胜区，在受到国内各项政策法规约束的同时，也受到国际管理政策的约束，需要接受世界遗产组织的监测与评估。历年来武陵源世界遗产所呈现的问题与状况，深刻地反映了遗产保护与旅游发展之间的尖锐矛盾。

1991 年 9 月，武陵源风景名胜区申报世界自然遗产。1992 年 12 月，联合国教科文组织世界遗产委员会第 15 届会议批准“武陵源风景名胜区”列入《世界遗产名录》，武陵源成为中国首批 3 个自然遗产地之一。

1998 年 9 月，湖南省张家界武陵区人民政府、湖南省武陵源风景名胜区管理局向世界遗产委员会提交《武陵源世界自然遗产第一轮定期报告》。

同月，世界遗产中心和 IUCN 对武陵源进行反应性监测考察。评估报告对其保护状况提出尖锐批评：“缺乏对武陵源在生态学和生物多样性方面所具备的‘突出普遍价值’的研究，缺乏集中、合作的关于生物多样性保护的思考。”“武陵源已经成为了被精耕细作的农业和快速发展的旅游业包围的自然孤岛。专家组对 1992 年 IUCN 评估后至今该遗产地的旅游基础设施建设程度感到震惊，城市化已经蔓延到山谷的入口和山峰顶端，对自然保护的影响不可估量。”“武陵源现在是一个旅游设施泛滥的世界遗产地，对遗产地大范围的生物多样性价值造成的负面影响尚不清楚，但是，对美学影响显著。大部分遗产地现在像是一个城市郊区的植物园或公园。”“从整体来看，在建设上与保护规划上与世界遗产要求差距很大，没有很好的协调设计，对自然环境造成一定的损害。”①

1998 年世界遗产大会采纳世界遗产中心和 IUCN 的报告，对武陵源遗产地保护状况做出决议（WHC-98/CONF.203/8）：“该遗产地旅游设施过度运行，对遗产地的美学品质产生了重要影响。中国政府未采取任何措施实施世界遗产委员会在 1992 年将该遗产地列入世界遗产名录时提出的建议：‘筹备物种保护状况报告，决定该遗产地是否具备满足世界自然遗产标准（ⅳ）的潜力。’目前仅以满足世界自然遗产标准（ⅲ）而列入世界遗产名录。”②

---

① IUCN、WHC：《联合国教科文组织关于中国双遗产与自然遗产实地监测评估报告》，未公开，1998 年 9 月。

② 突出普遍价值的评估标准起初分为两组，文化遗产、自然遗产分别有 (i) 至 (vi)6 条、(i) 至 (iv)4 条标准；2003 年，世界遗产委员会第 6 届特别会议决定将这两组标准整合为 (i) 至 (x) 共 10 条（6EXT.COM 5.1 号决定）。

OUV 评估标准序号的对应关系如下：

文化遗产

整合前	(i)	(ii)	(iii)	(iv)	(v)	(vi)
整合后	(i)	(ii)	(iii)	(iv)	(v)	(vi)

自然遗产

整合前	(i)	(ii)	(iii)	(iv)
整合后	(viii)	(ix)	(vii)	(x)

除特别说明，本书均采用整合后的序号。

1999 年 5 月，国务院参事王秉枕、吴学敏对武陵源世界自然遗产保护情况进行调查。武陵源作为中国第一个受到 UNESCO 世界遗产大会及 IUCN 批评的世界遗产，引起了国家、省、市的高度重视。王秉枕、吴学敏提出严肃批评，认为“武陵源景区商业化、人工化现象日益加剧，管理体制不顺、保护意识不强、执法力度不够、规划实施不力、资金投入不足”，并指出“武陵源世界自然遗产资源非常珍贵，不可再生，要采取比一般景区更为严格的特别的保护措施”。两位参事的意见得到了朱镕基总理和钱其琛、温家宝副总理的重视。武陵源区委、区政府于 1999 年作出了搬迁核心景区建筑物的决定。

1999—2001 年，武陵源区对景区建筑物实行了“世纪大拆迁”。武陵源先后分两期拆除了核心景区内接待设施 124 处，搬迁常住居民 546 户 1791 人，拆除面积达 19.1 万平方米。

2000 年，武陵源区成立管理城镇规划建设和遗产保护的议事机构——遗产保护规划建设管理委员会，对有关遗产保护的重大问题进行集体议事决策（区委、区人大、区政府、区政协为该管理委员会的成员）；成立遗产办，武陵源风景名胜区管理局是遗产保护的最终法人。

2001 年 1 月 1 日，为使世界遗产保护更加有法可依，我国第一个保护世界自然遗产的地方性专门法规——《湖南省武陵源世界自然遗产保护条例》由湖南省人大审议颁布实施，使武陵源资源保护工作有了法律保障。

2001 年 4 月 6 日，朱镕基总理来武陵源视察时指出：“武陵源世界自然遗产资源和生态环境，绝不能让它受到破坏。”6 月 17 日，湖南省省委书记杨正午来张家界市听取贯彻落实朱镕基总理指示精神的汇报时指出：“加强生态环境建设是张家界第一位的工作。”

2002 年 9 月，湖南省张家界武陵区人民政府、湖南省武陵源风景名胜区管理局向世界遗产委员会提交《武陵源世界自然遗产现状定期报告》[1]，参加亚太地区第一轮定期报告。

① Wulingyuan People's Government, Wulingyuan Scenic Resort Administrative Department, “Periodic Report on the State of Conservation of the World Natural Heritage: Wulingyuan,” 2002, https://whc.unesco.org/document/162551.

2011 年 12 月，湖南省张家界武陵区人民政府、湖南省武陵源风景名胜区管理局向世界遗产委员会提交《武陵源世界自然遗产第二轮定期报告》。

2014 年，《IUCN 关于武陵源风景名胜区保护展望报告》再次对武陵源世界遗产保护提出严厉批评，指出武陵源在遗产价值保护中存在严重问题和威胁，并将武陵源风景名胜区列入“重点关注类”世界遗产。被列入“重点关注类”的理由包括以自然特征为主的 OUV 下降，旅游与游憩、水污染、水坝 / 水管理 / 水利用的高威胁，对旅游和解说、与当地社区居民的关系、对区域和国家规划体系的整合以及保护与管理存在的严重问题。

2015 年 2 月 11 日，UNESCO 世界遗产中心致函中国驻世界遗产中心大使，告知在《IUCN 2014 世界遗产展望》①研究中，武陵源世界自然遗产地因为旅游设施的影响和包括公路及建筑物建设日益增加的人类压力，被归于“重点关注类”世界遗产，并将在 2015 年 6 月 28 日至 7 月 8 日在德国波恩召开的世界遗产委员会第 39 届大会上审查武陵源的保护状况。

2015 年 3 月，中华人民共和国住房和城乡建设部向世界遗产委员会提交世界自然遗产《武陵源风景名胜区保护状况报告》。

2015 年第 39 届世界遗产大会决议，世界遗产委员会对武陵源世界自然遗产保护状况，做出 9 条决议（39 COM 7B.10）：

(1) 审议了 WHC-15/39 COM/7B.Add 号文件；

(2) 回顾了在第 22 届世界遗产大会（1998 年，东京）上做出的 22 COM VII.27 号决议；

(3) 认可缔约国在遗产地和缓冲区范围内管理污染产生的影响及拆除违章旅游设施和建筑方面的持续努力，并要求缔约国保证受影响的当地社区居民纳入第三期拆迁工作；

(4) 注意到并担忧遗产地内为游览而建的三条索道、一架电梯和一条有轨电车对遗产的突出普遍价值带来消极的视觉影响，并要求缔约国保证将来不在遗产地内进行类似的建设；

① IUCN, IUCN *World Heritage Outlook 2014: A conservation assessment of all natural World Heritage sites* (Gland, Switzerland: IUCN, 2014).

(5) 敦促缔约国保证遗产地范围内不再修建新的道路，并保证遗产地范围外的公路建设不对遗产的突出普遍价值产生负面影响；

(6) 进一步要求缔约国遵循《操作指南》第 172 段的规定，在作出任何不可逆转的决定之前通知世界遗产中心和 IUCN；

(7) 要求缔约国向世界遗产中心提交三份纸质版和一份电子版的《武陵源风景名胜区总体规划（2005—2020）》，供世界遗产中心和 IUCN 审阅；

(8) 注意到较大的并且持续增加的遗产地游客数量，鼓励缔约国以世界遗产可持续旅游项目开发的新的在线学习模块为基础，进一步强化旅游发展战略；

(9) 进一步要求缔约国在 2018 年 12 月 1 日前向世界遗产中心提交一份最新的保护状况报告，其中包括一份一页纸的保护状况执行摘要，还要包括拆迁项目成果、有关任何遗留的违法建设和拆除计划的信息以及受影响区域生态恢复的进展情况。上述材料可能会在 2019 年第 43 届世界遗产大会上审查。

2016 年 8 月，湖南省张家界市武陵源区人民政府向住房和城乡建设部提交世界自然遗产《武陵源世界遗产地——2015 年度保护管理状况报告》。

2017 年，IUCN 再一次在其展望报告[①]中将武陵源列入“重点关注类”世界遗产。

2018 年 11 月，中华人民共和国国家林草局向世界遗产委员会提交世界自然遗产《武陵源风景名胜区保护状况报告》。

2019 年 7 月，世界遗产委员会对武陵源世界自然遗产保护状况，做出 9 条决议（43 COM 7B.6）：

(1) 审议了 WHC/19/39 COM/7B 号文件；

(2) 回顾了在第 39 届世界遗产大会（2015 年，波恩）上做出的 39 COM 7B.10 号决议；

(3) 认可缔约国在遗产地和缓冲区范围内管理污染产生的影响及拆除违章旅游设施和建筑方面的持续努力；

(4) 注意到缔约国已采取积极措施，尽量减少遗产地内现有缆车、电梯和

① IUCN, IUCN *World Heritage Outlook 2017: A conservation assessment of all natural World Heritage sites* (Gland, Switzerland: IUCN, 2014).

有轨电车等旅游基础设施对遗产的突出普遍价值带来的影响，并注意到缔约国确认没有在遗产地内进行类似的建设；但注意到其他基础设施项目已获批准，请缔约国根据《操作指南》第172段，在做出任何难以逆转的决策之前，提供更多关于这些项目及其对遗产地突出普遍价值的潜在影响的资料；

(5) 关切地注意到，尽管缔约国在报告表明没有在遗产区内建造新的道路，遗产区外的道路建设也没有影响遗产的突出普遍价值，但原则上仍将允许道路建设。我们再次敦促缔约国应确保在遗产区内不再允许建设新的道路；

(6) 对缔约国未能提交《武陵源风景名胜区总体规划（2005—2020）》感到遗憾，并要求缔约国尽快向世界遗产中心提交该总体规划的修编方案以供审阅；

(7) 注意到缔约国为发展遗产地可持续旅游采取的措施，考虑到持续增加的遗产地游客数量现状，要求在总体规划修编中修订遗产地游客容量，并要求缔约国完成武陵源世界遗产可持续旅游发展策略，以及相关的其他管理文件，尽快提交草案给遗产中心审阅；

(8) 注意到缔约国在实施搬迁项目期间促进当地社区积极参与的努力，并进一步要求缔约国确保任何此类方案符合2015年关于将可持续发展观点纳入公约进程的政策文件，确保有效协商、公平补偿、获得社会福利和技能培训以及维护文化权利；

(9) 最后，请缔约国在2020年12月1日前向世界遗产中心提交一份关于该遗产的保护状况和上述执行情况的最新报告，供世界遗产委员会2021年第45届会议审议。

2.3 武陵源世界遗产试点内容与目标

以上历程反映出武陵源世界遗产地在对OUV的认识和保护管理上存在的问题，以及在世界遗产保护与旅游发展之间存在的严重冲突。如何做到“有节制的发展”，从而使可持续的遗产旅游成为世界遗产保护和遗产地社会经济发展的桥梁，是武陵源世界遗产地亟待解决的关键问题。

试点项目通过培训工作营的深度讨论，对武陵源世界遗产价值理解、世界遗产真实性和完整性保护、生物多样性、旅游基础设施发展、旅游环境容量、社区参与及协同发展等方面存在的问题进行了初步识别。以问题为导向，结合 WH+ST 五大目标和武陵源世界遗产地存在的实际问题与需求，确定武陵源世界遗产试点的两个研究和示范专题：其一，世界遗产 OUV 与可持续旅游；其二，世界遗产地旅游与社区可持续发展及保护。试点项目的具体目标为以下四点。

第一，在武陵源世界遗产地宣贯世界遗产保护与管理、WH+ST 项目理念和方法，创造平台，加强利益相关者多方对话，促进多方协同合作，推进 WH+ST 项目的实施。

第二，加强对武陵源世界自然遗产 OUV 及其载体的再认识，加强遗产地管理能力建设，提高遗产地管理水平。组织遗产地现场培训，阐述、宣传武陵源的 OUV，建立以世界遗产 OUV 保护为核心的发展共识，探寻以 OUV 的保护、解说、传播和体验为中心的可持续旅游发展之路。

第三，深入武陵源世界遗产地现场调研，分析不同利益相关者对遗产价值认知的差距，保护和管理现状与世界遗产保护要求之间的差距，洞悉遗产保护与社区发展之间、旅游发展与社区参与和受益之间的矛盾，查找症结问题，提出解决问题的方法和途径，促进地方可持续发展。

第四，通过 WH+ST 试点项目，加强与世界遗产中心和国际组织的沟通，切实回应世界遗产委员会对武陵源世界遗产的保护要求，履行中国政府保护世界遗产的庄严承诺，赢回国际尊重。坚持道路自信，探索中国特色的世界遗产地可持续旅游发展之路，使武陵源世界遗产地保护与可持续发展示范具有国际前沿性和先进性，从跟跑走向引领。

武陵源世界遗产地的旅游发展应当充分重视世界遗产价值的认知。通过专家团队和地方管理者的深入合作和能力建设，以价值研究为前提，围绕遗产价值保护，精准探究其与旅游发展之间存在的矛盾症结，共同解读、保护、传播遗产 OUV，促进落实教科文组织 WH+ST 项目的核心内容。因地制宜地形成适宜于中国国情和历史文化的遗产地可持续旅游对策方案，将武陵源世界遗产 OUV 的保护、解说、传播、体验贯穿于遗产旅游之中，提升地方社区和游客对附着于遗产之上的自然价值及文化价值的鉴赏与评估能力。加强遗产地社区管理和社区参与，增加遗产地旅游经济产品的附加值，使遗产地社区从遗产旅游中获益，增强自豪感和认同感，获得社会、文化、经济和生态的包容性的共同增长。由此，使可持续的遗产旅游成为世界遗产保护和遗产地经济发展的桥梁，使世界遗产成为遗产地文化自信、经济发展的动力和引擎。

2.4

试点项目的研究问题和技术路线

2.4.1. 研究问题

围绕“世界遗产 OUV 与可持续旅游”和“世界遗产地旅游与社区可持续发展及保护”两大专题，提出两个关键性研究问题：

第一，如何基于武陵源世界遗产 OUV 实现旅游的可持续发展。其下为三个子问题：

(1) 武陵源世界遗产的 OUV 及价值载体是什么？

(2) 各利益相关者如何认知武陵源的 OUV？与世界遗产的 OUV 认识存在怎样的差距？

(3) 如何通过提高 OUV 认识，实现以 OUV 保护、传播、体验为核心的可持续旅游？

第二，社区如何参与旅游活动，促进遗产地的保护和可持续发展。主要解决三个子问题：

(1) 社区基于对武陵源 OUV 的认知参与遗产保护与旅游发展的现状和存在的问题是什么？

(2) 社区在遗产地的价值地位和作用是什么？

(3) 武陵源遗产地如何在遗产保护和可持续旅游中协同社区可持续发展？

2.4.2 技术路线

价值认知是行动的根源。武陵源世界遗产试点项目基于世界遗产 OUV 的保护，应用《世界遗产可持续旅游工作手册》和《世界遗产与可持续旅游分析框架》，总结 WH+ST 非洲能力建设项目、北欧－波罗的海试点项目以及东南亚以社区为基础的管理与可持续旅游项目的经验，结合遗产地现状问题，制订技术线路（图 2-1），按以下三个步骤展开研究和示范。

第一，全面回顾和研究武陵源世界遗产的申报文件和基础文献，深度理解武陵源世界遗产的 OUV，明晰价值载体对象及其完整性保护的管理要求，夯实武陵源世界遗产价值保护和可持续旅游发展的认知基础，奠定 WH+ST 项目的核心价值基础。

第二，通过实地勘察、会议座谈、社会调研、工作营研讨等途径，对武陵源世界遗产地游客、居民、旅游从业人员、行政管理人员四大最重要利益相关者的“遗产价值认知现状”进行调查，分析研究各群体的认知与世界遗产价值之间存在的差距，以及遗产地存在的国家、地方多层次

图 2-1
武陵源 WH+ST 项目技术线路

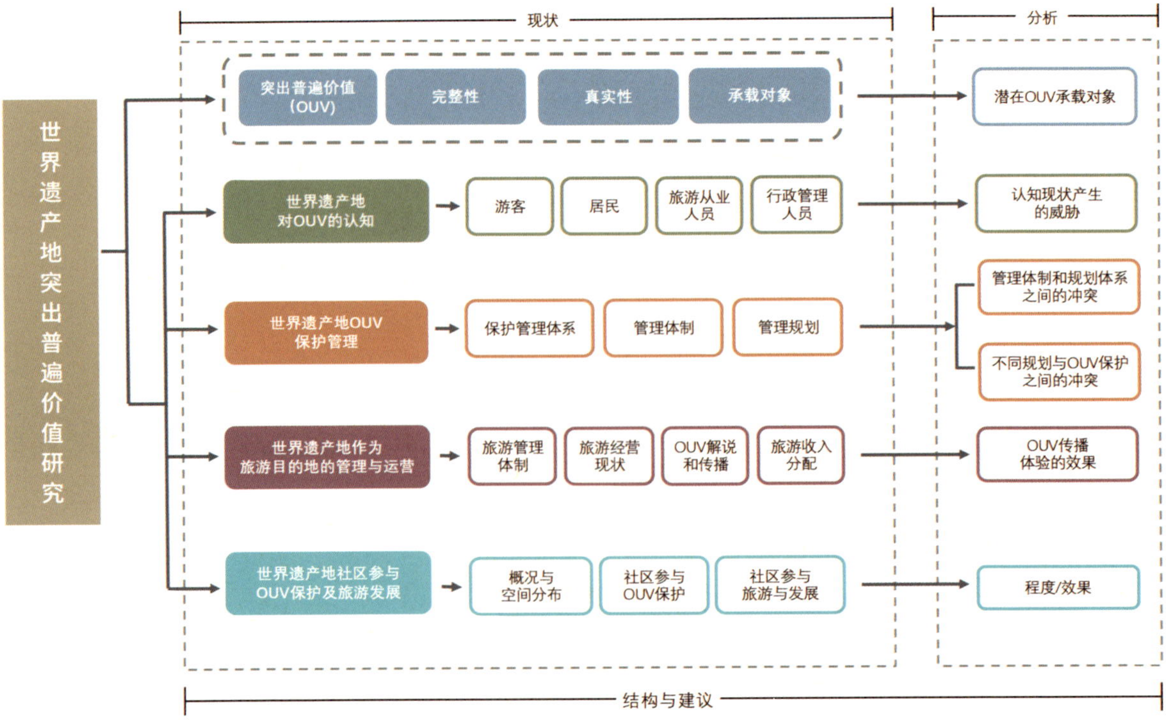

价值与世界遗产价值之间的差异性。进而调查、分析和研究“武陵源遗产 OUV 保护管理现状”“武陵源遗产地旅游发展现状”“武陵源遗产地社区参与现状”，对照核心价值的保护和利用状况，分析总结各利益相关者对 OUV 的认知偏差及其导致的问题和矛盾，鉴别遗产地在遗产保护、旅游发展以及社区参与中存在的主要问题和矛盾。

第三，针对调查、研究中发现的问题，制定武陵源世界遗产地的遗产保护与可持续旅游发展策略，提出相应对策并加以实践示范。

2.5

试点项目的实施方法和途径

2.5.1 项目专家队伍组建

WH+ST 中国试点项目由参与联合国教科文组织 WH+ST 项目文件起草的中国代表、同济大学建筑与城市规划学院景观学系韩锋教授主持，通过亚太遗产中心（上海）全球招聘，成立跨学科的专家团队。根据武陵源世界遗产的特征及项目特点，团队主要由来自世界遗产、地质、旅游、规划管理及社会发展领域的专家组成，对武陵源世界遗产的 OUV 展开深度阐述，对遗产地的旅游发展、社区经济以及规划管理状况等方面进行深入调查和研究，并在遗产地现场开展能力建设培训，制定各项对策并重点示范。

2.5.2 遗产地协同工作机制

试点项目建立了国际、国内遗产地管理部门之间紧密合作协同机制。试点和示范工作自始至终得到 UNESCO 世界遗产中心、中国住房和城乡建设部、中国古迹遗址保护协会（ICOMOS China）、湖南省世界遗产与风景名胜区保护研究中心、湖南省张家界市人民政府、武陵源区人民政府相关部门，以及武陵源世界遗产地各利益相关团体的大力支持。各级政府为项目做了大量的协调和组织工作，带领项目组进行现场考察、组织现场访谈、走访管理部门、提供现有基础资料、发放及回收问卷，提供了高效的工作环境和融洽的调研环境。地方各级管理层对试点项目的支持力度和参与热度，反映了地方政府对世界遗产保护的高度重视和促进地方发展、提高人民生活水平的迫切期望，以及对提升遗产地保护管理水平的迫切需求。

2.5.3 调查研究和示范方法

第一，文献研究和分析。全面检索、收集与武陵源世界遗产相关的基础文献报告，对其世界遗产申报、评审、保护现状报告、决议等国际文件以及规划、政策法规、保护管理、旅游发展、人文社会等遗产地基础文件、文献进行全面的研究和分析，确立保护的核心价值及其保护对象，了解遗产地保护和发展的基本状况。

第二，现场调研与公众参与。深入武陵源世界遗产地，进行实地探勘、深度访谈和讨论，对武陵源世界遗产 OUV 及其载体的保护状况以及遗产地利益相关者基本状况进行深度考察。2017—2018 年期间，项目组对遗产地全区进行了多次现场调研（图 2-2，图 2-3）。考察内容包括：遗产与缓冲区范围内现存 / 潜在的遗产价值载体、相关旅游产品、遗产展示及阐释状况、遗产地文化资源、遗产地交通结构、社区发展、居民安置点等。考察期间，项目组还与张家界市直单位、武陵源区直单位以及其他利益相关者进行了会议访谈，了解世界遗产保护和旅游发展状况以及社会发展问题（表 2-1）。对居民、旅游从业人员、游客、行政管理人员四个重要利益相关者群体进行深度调研，了解各利益相关方之间存在的利益关联与冲突。

第三，数据采集及问卷分析。为收集定量数据以精确提炼问题，项目组针对遗产地四大利益相关者（游客、居民、旅游从业人员、行政管理人员）设计调查问卷，考察期间分组在武陵源旅游景区、溪布商业街及宾馆集中区域，收集旅游从业人员、游客的有效问卷各 103 份、216 份；在遗产办和居委会的协助下，收集居民有效问卷 170 份；2017 年 9 月 4—6 日培训期间，

图 2-2

武陵源 WH+ST 项目组考察线路

表 2-1 武陵源 WH+ST 项目调研与座谈单位一览

调研方式	调研单位／地点／对象	
走访访谈	天子山索道公司，天子山景区管委会，袁家界景区管委会，百龙天梯旅游发展有限公司，张家界地质博物馆，金鞭溪景区管委会，黄狮寨景区管委会、黄狮寨客运索道有限公司，黄龙洞投资股份有限公司，张家界景区环保旅游客运有限公司易某工作站，张旅集团观光车电车分公司，梓木岗门票站，龙尾巴村“梓木山庄”，张家界国家森林公园管理处，索溪峪污水处理厂，岩门安置新区“山沟沟”宾馆，老支书家的宾馆，宝峰湖旅游实业发展有限公司，《梦幻张家界》土家剧场，魅力湘西旅游开发有限责任公司，袁家界下坪，袁家界上坪，杨家界旅游商品摊位，民宿“五号山谷”，民宿“回家的孩子”，中湖乡镇政府，中湖乡边界山顶，天子山边界，插旗峪村（宝峰山界），杨家坪（禾田居农场），协合乡，索溪峪居委会，岩门防火瞭望台，毛家塔、双峰村，垃圾填埋场，文庄村，一线天	
会议座谈	市直相关部门	市规划管理局，市水利局，市林业局，市住房和城乡建设局，市国土资源局、地质公园办，市环保局，市旅游与外事侨务委员会
	区直相关部门	遗产办，住房和建设局，规划局，林业局，环保局，旅游局，国土资源局，畜牧局，文化局，资源保护科，财政局，人大，交通局，发改委，编制办

图 2-3

项目组对遗产地进行现场调研

收集行政人员有效问卷 127 份。调查共收集有效问卷 616 份，运用 SPSS 等软件对问卷进行系统的数据综合分析，提取重要信息形成分析报告。

第四，能力培训与项目示范。WH+ST 项目坚持遗产保护是一个全民参与、全民受惠的过程。世界遗产的保护和传播需要沟通能力、传播能力，在全社会范围内建立遗产保护利益相关者创新伙伴关系，才能达成价值共识、目标趋同、利益共享。因此，全社会个体、团体及组织参与保护世界遗产的机会和能力建设，是世界遗产生存和发展的根本保障。项目以遗产地为平台，以遗产保护为目标，向全社会开放遗产知识体系，实现价值共识与传播，将遗产地纳入全社会的经济、环境、文化发展框架，建立完善的合作伙伴关系，培养遗产地的自主保护与管理的能力。

为使武陵源遗产地各利益相关者能够进一步了解国际世界遗产理念和试点项目目标，了解武陵源在遗产保护与可持续旅游发展领域存在的冲突问题，项目组于 2017 年 9 月 4—6 日在武陵源区，主办了面向湖南省、张家界市直单位和武陵源区直单位共 209 名行政管理人员的“世界遗产与可持续旅游工作营”，包括专题讲座和小组讨论，以提高遗产地管理者的认知及建设管理能力（图 2-4）。在小组讨论过程中，各个部门的领导及工作人员针对现状问题，以头脑风暴形式提出了与遗产地“接地气”的积极建议，促成了项目组在基础较好的龙尾巴村的试点示范。

图 2-4
武陵源 WH+ST 项目培训学习会

黄石寨

张光之 摄

梦笔生花秋景
邓[illegible]勇 摄

武陵源世界遗产
突出普遍价值及其载体

武陵源风景名胜区丰富的地质、水文、生物等资源，承载了世界自然遗产的 OUV。对于武陵源 OUV 及其载体的系统认知和共识，是武陵源世界遗产保护与可持续旅游、社区协同发展的根本前提。WH+ST 项目以武陵源世界遗产 OUV 的研究、认识为基点，以遗产价值及其载体保护为核心，在项目中全面加强对武陵源世界遗产价值的研究，明确保护和管理的对象和目标，并向公众予以解说，以达成世界遗产保护的共识。

3.1 遗产概况

武陵源世界自然遗产，位于中国湖南省西北部武陵山脉腹地，湖南四大水系之一澧水的中上游，东经 110° 20′ 30″—110° 41′ 15″，北纬 29° 16′ 25″—29° 24′ 25″。遗产区面积 264 平方千米，缓冲区 126.80 平方千米（图 3-1），依托武陵源风景名胜区进行管理，同时拥有“国家森林公园”（国内首个）、“世界自然遗产”（国内首批）、“世界地质公园”“5A 级旅游景区”“全国文明风景旅游区”等多块金字招牌。

地处中国西部高原亚区和东部丘陵平原亚区交界地带的武陵源风景名胜区，海拔 300—1300 米，属亚热带季风气候区，气候温和湿润、四季分明、雨量充沛、冬无严寒、夏无酷暑，年均降雨量 1400 毫米，年均气温 16.4℃。武陵源自然景色奇丽壮观，资源丰富、生态完整，庇护大量濒临灭绝的动植物物种，多样的生态系统和珍稀的动植物资源展现了卓越的生态美，具有重要的科学和美学价值。其独特的石英砂岩峰林地貌为国内外罕见，被国际学术界命名为“张家界地貌”。1992 年，武陵源风景名胜区因其独特的自然美和审美重要性价值，以自然遗产标准（ⅶ）被列入《世界遗产名录》，同时具有符合世界遗产标准（ⅹ）的潜力。

以奇峰、怪石、幽谷、秀水、溶洞“五绝”而闻名于世的武陵源，其幽深的谷壑、茂密的森林、多姿的溪涧、变幻的烟云、奇妙的溶洞和淳朴的田园风光，构成一幅奇、秀、幽、险、野的立体长卷画，蔚为壮观。溪、泉、湖、潭、瀑等异彩纷呈，有“秀水八百”之美誉。

3.2 突出普遍价值

1992 年 12 月，武陵源风景名胜区因符合世界自然遗产遴选标准ⅶ被列入 UNESCO《世界遗产名录》，联合国教科文组织对其认可的突出普遍价值[①]表述如下：

概述——武陵源遗产地是人口稠密的农业地区的一个自然岛屿，位于中国湖南省境内。3 000 多座细长狭窄的石英砂岩峰林构成壮观的景象，绵延约 26 400 公顷，许多石柱高达 200 多米。在高耸的峰峦之间，沟壑、峡谷纵横，溪流、池塘和瀑布遍布，并有两座大型的天然石桥和大约

① http://whc.unesco.org/en/list/640/

40个溶洞，方解石矿床是这些溶洞的显著特征。除了壮观的锯齿状石峰、繁茂的植被覆盖和清澈的湖泊和溪流外，该遗产地也是许多濒危动植物的家园。

标准（vii）——武陵源数量众多的砂岩柱和山峰（超过3000座）非常壮观，再加上其他地貌（天然的桥梁，沟壑，瀑布，溪流，水池和溶洞）和茂密的阔叶林，呈现出一种审美意义上的美丽景观，在云雾烘托中尤为美丽。遗产地内还有40多个溶洞和两座天然形成的巨大石桥，其中一座高出谷底达357米。

遗产地的提名评估注意到，该遗产地为亚洲豺犬、亚洲黑熊和中国水鹿等众多濒危动植物提供了重要栖息地。因此，如果有其他补充材料，该遗产地经过论证有可能同时满足标准（x）而被列入世界遗产。

完整性——武陵源遗产地边界覆盖了展现其世界遗产自然美价值的所有要素及其区域，包括缓冲区。该遗产地的完整性问题包括遗产地内及周边民众对保护区的利用所带来的压力以及游客所带来的巨大压力，大量旅游设施也对遗产地的自然价值造成审美影响。

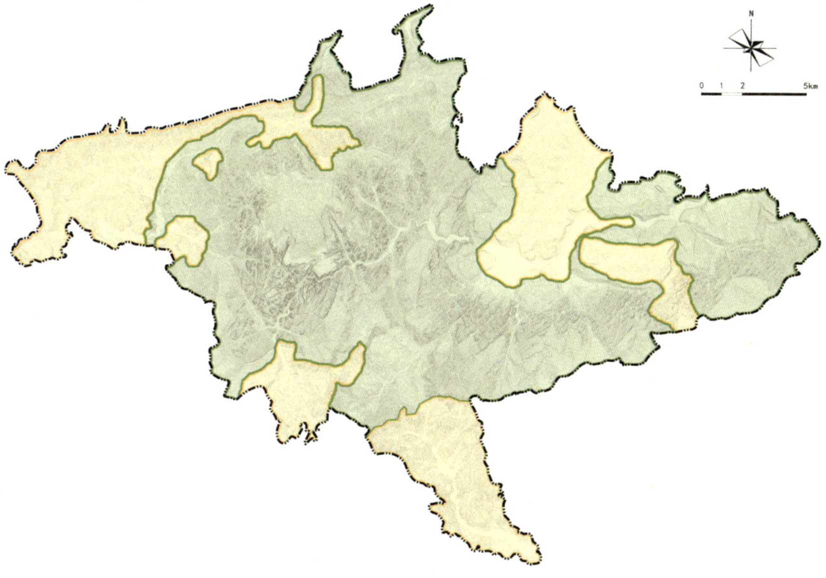

图 3-1

武陵源世界自然遗产区与缓冲区范围

3.3 突出普遍价值的载体

由上可知，武陵源世界自然遗产 OUV 杰出的自然审美价值来自其独特的地质地貌景观以及丰富的动植物生态景观，它们是武陵源世界遗产 OUV 的载体，也是世界遗产完整性的保护对象、解说对象和展示对象。因此，厘清武陵源地质地貌景观以及生物多样性的系统结构（图 3-2，图 3-3），有助于遗产地进一步明确世界遗产管理、解说、展示对象的系统性，确保武陵源世界遗产价值保护的完整性。

3.3.1 地貌发育过程的完整性及其载体

武陵源在区域构造体系中处于新华夏第三隆起带。在漫长的地质历史时期内，大致经历了武陵－雪峰、印支、燕山、喜山及新构造运动（图 3-4）。武陵－雪峰运动奠定了该区的基底构造，印支运动塑造了该区的基本构造地貌构架，而喜山及新构造运动是形成武陵源奇特的石英砂岩峰林地貌景观的最基本的内在因素之一。据考证，千百年来，该区未出现过较大的气候异常、水土流失、岩体崩塌或大规模的森林病虫害，依然保持着一个结构合理而又完整的生态系统，具有极高的美学价值和科学研究价值。[①]

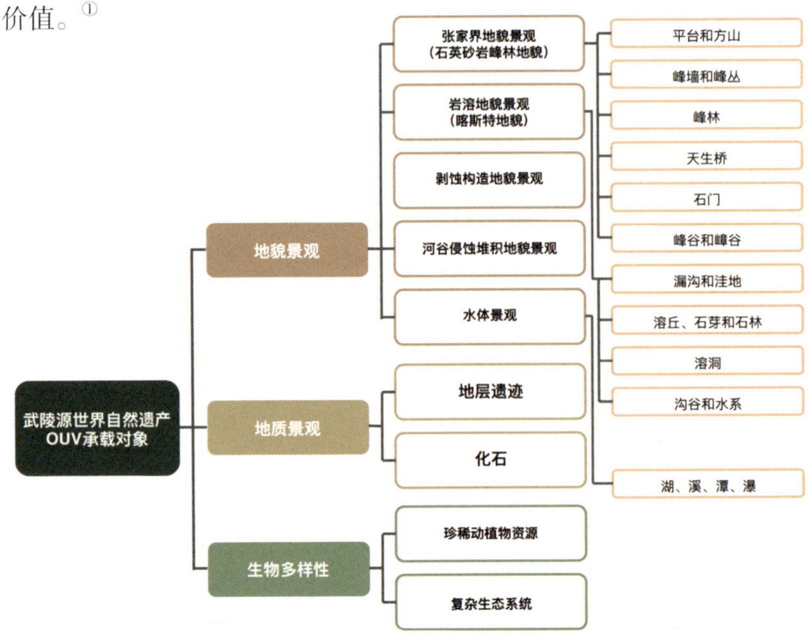

图 3-2
武陵源世界遗产 OUV 载体结构示意

① 中华人民共和国建设部：《武陵源申报世界自然遗产文本》，1991；中华人民共和国国土资源部：《世界地质公园申报综合报告：中国湖南省张家界武陵源世界地质公园》，2003；张家界市国土资源局武陵源分局：《张家界世界地质公园地质遗迹保护规划》（2011—2020），2010。

通过对武陵源区岩石地层、地质构造和地貌结构及其特征的研究，对比中国及邻区的构造地貌演化历史，可见武陵源具有完整的地质地貌发育过程。武陵源石英砂岩峰林地貌的发育演化大致归纳为以下六大阶段[①]：

（1） 距今约 4.4 亿—2.5 亿年间的准地台区滨海沉积过程——沉积盖层发育阶段；

（2） 距今约 1.5 亿—1.0 亿年间的燕山运动所导致的逆冲褶皱过程——造山隆起阶段；

（3） 距今约 1.0 亿—0.3 亿年间（古新世 – 渐新世）的剥蚀夷平过程——湘西期准平原状高原面形成阶段；

（4） 距今约 3 千万—8 百万年间（晚渐新世 – 中新世）的夷平面切割解体过程——索溪峪期切割阶段；

（5） 距今约 8 百万—2.5 百万年间（晚中新世 – 上新世）的侵蚀夷平过程——张家界期宽谷面形成阶段；

（6） 约 2.5 百万年以来（第四纪）的河流切割和溯源侵蚀过程——澧水期切割阶段。

① 赵逊等:《张家界地貌地质特征及其地质景观成因研究》，地质出版社，2011。

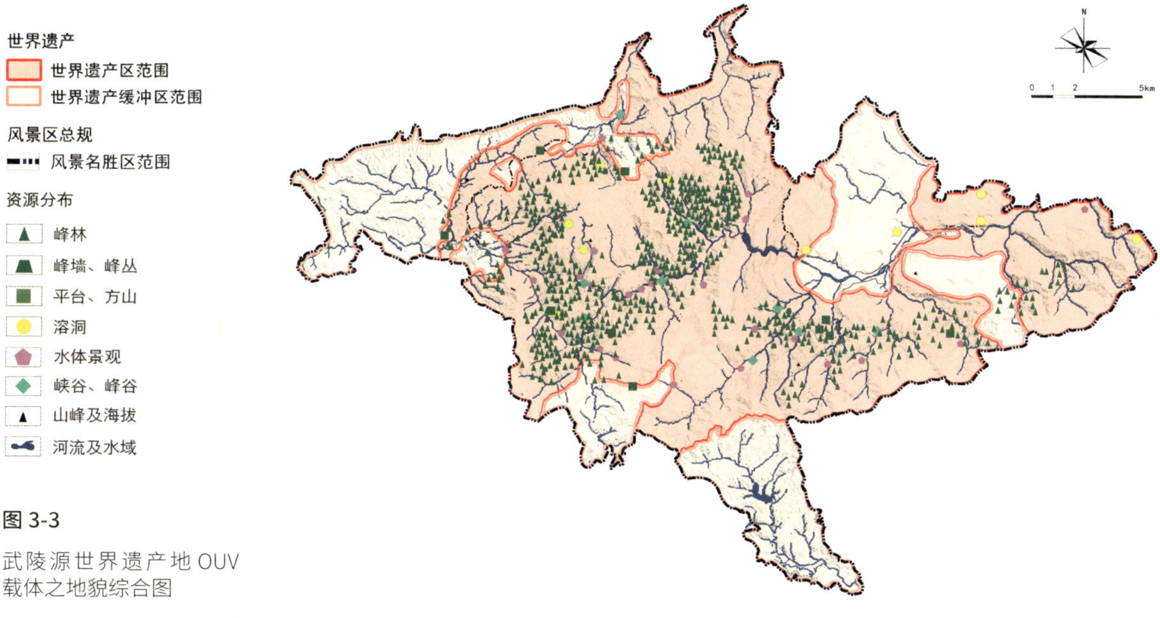

图 3-3

武陵源世界遗产地 OUV 载体之地貌综合图

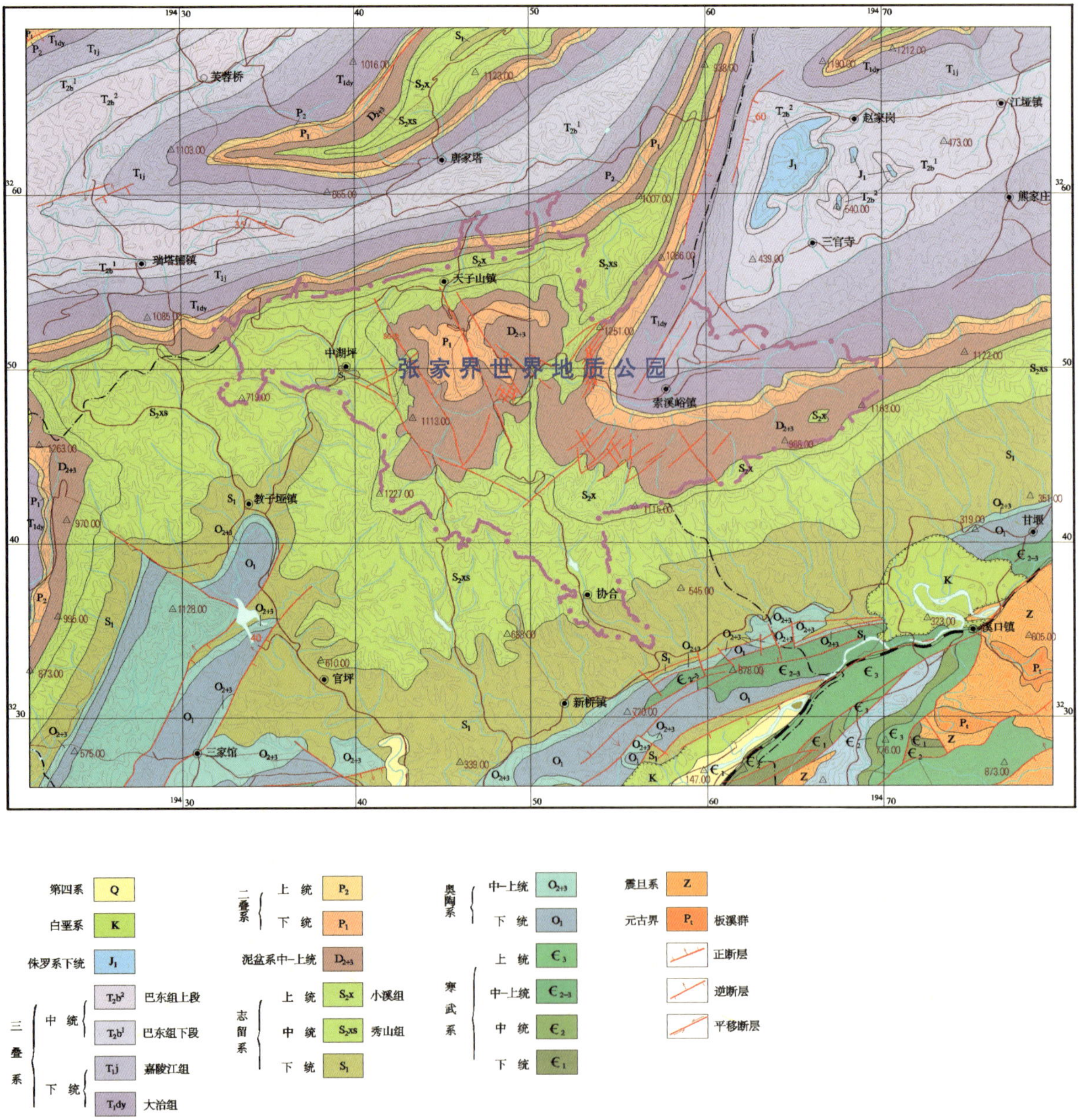

图 3-4

武陵源世界遗产区域地质图

张家界世界地质公园博物馆

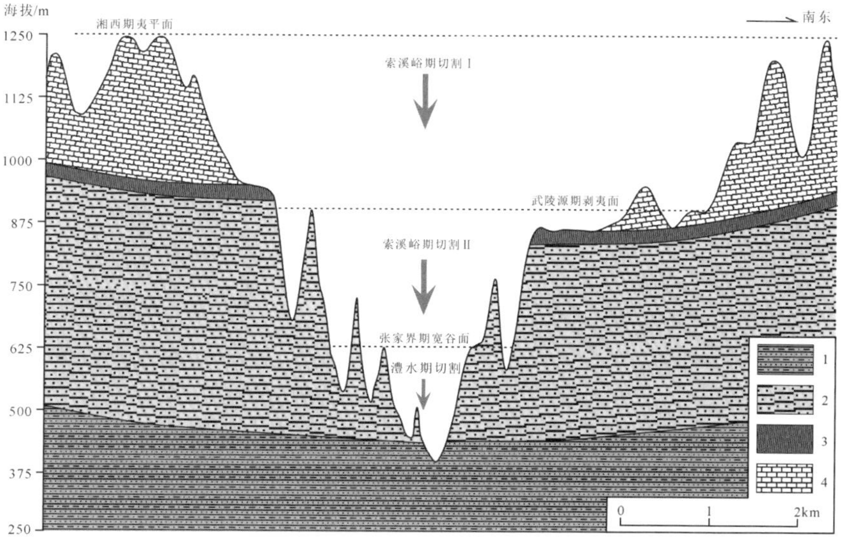

1—志留系；2 —泥盆系；3—“铁帽”；4—二叠系

图 3-5

武陵源地区地貌结构剖面及其地貌演化阶段演示

赵逊等：《张家界地貌地质特征及其地质景观成因研究》，地质出版社，2011，第 55 页。

武陵源石英砂岩峰林地貌是特定的地貌部位（第二与第三大地貌阶梯间的过渡地带，具有 1000 ~ 1500 米的地形高差）、特定的地层岩性与地质构造条件（近乎水平分布的厚层，坚硬的石英砂岩及其中的多组垂直节理）特定的地壳运动、地质发育历史与河流沟谷流水侵蚀作用（新生代的地壳间隙性隆升与河流的阶段性下切）下的产物。武陵源石英砂岩峰林地貌的主要形成阶段有两个：一是晚渐新世 – 中新世期间的索溪峪期切割阶段中的第二个下切过程，主要形成峰林上半部的 250 ~ 350 米，当时的砂岩地貌景观应以台地、方山、障谷、峰丛和少量峰林地貌更为常见；二是第四纪时期的澧水期河流切割和溯源侵蚀阶段，主要形成峰林下半部的 100 ~ 150 米，在此阶段出现大面积的峰林，并且局部开始向残林景观发展（图 3-5）。因石峰有各自的演化历史，形成时间长短不一，上述的两大地貌发育阶段主要是指整个砂岩峰林地貌，而非单指每一个具体的石峰。

武陵源的石英砂岩峰林地貌发育过程完整，台地—方山—石墙—石柱—峡谷演化过程清晰，发育时间因素可测性强，在砂岩地貌景观中具有系统性、完整性、自然性、稀有性和典型性等自然属性。

1. 张家界地貌（石英砂岩峰林地貌）景观

张家界武陵源砂岩峰林地貌的形成是地史时期内外动力共同作用的结果。之所以恰好能够在新近纪期间剥露而展现于世，与其所在的构造部位和坚固的“铁帽层”的双重保护密不可分。其中砂岩峰林地貌所在的构造部位是被夹持在桑植 – 慈利之间一系列较大型、紧闭的北东向褶皱带中的一个圆形穹状向斜。周缘的大型褶皱构造保护该小型向斜在造山隆升过程中避免遭受强烈的地表破坏。而位于该向斜构造层上部二叠纪灰岩与泥盆纪云台观组之间厚数十米的坚硬铁质石英砂岩（即所谓的“铁帽层”）使下伏的石英砂岩层免受过早剥露而保留至今，这是使得下伏厚层砂岩地层早期免受破坏的另一保护层。在厚层砂岩层被剥露出地表之后，砂岩峰林地貌的形成主要是在构造抬升诱发的河流强烈下切过程、河流顺多组构造节理的溯源侵蚀与切割过程、斜坡后退及伴生的重力崩塌过程三种外动力地质作用的塑造下完成的（表 3-1）。

表 3-1 张家界地貌独特的地质构造

类别	名称	地点	分布范围	地质年代 / 年代地层	地貌特点	价值	现状
沉积岩类的碎屑岩	三官寺向斜西端	三官寺	东起索溪峪的马颈界，北抵天子山的泗南峪，南到协合的梓木岗，东达张家界的龙凤庵	晚古生代，中晚泥盆世云台观组和黄家磴组	石英砂岩峰林地貌奇峰深谷相间	厚达 500 余米的石英砂岩所组成的峰林地貌为国内外所罕见。它的形成是由于特定的地质构造条件：它质纯层厚、结构致密的特殊岩石基础，为石英砂岩峰林地貌的形成提供了物质前提；同时本区石英砂岩大部裸露地表，有利于砂岩峰林的发育，而外动力中的地表流水的侵蚀作用，是塑造砂岩峰林这一奇特的地貌景观的主要动力条件，当然重力崩塌也起到重要作用；因此，它不仅在科学研究上有重要意义（一种新的地貌类型），而且地貌形态所造就的景观，在美学上有极大的观赏价值	目前，此地砂岩峰林地貌在发育阶段上属于幼年至壮年时期，正是风华正茂的时期

1）平台和方山

在张家界武陵源地区，指示河流强烈下切的地貌形态极为发育，最为典型的莫过于索溪峪期深切谷地和澧水期峡谷地貌。多数高耸的砂岩峰林都发育在索溪峪期深切沟谷中，表明砂岩峰林的发育与河流的强烈下切密不可分。索溪峪期 600 ~ 800 米的下切幅度所需要的内动力条件无疑必须由构造抬升来提供。不过造成河流强烈下切的构造抬升运动不一定与河流下切同时，河流下切的势能差也可能在下切之前就已发生。正是河流的强烈下切过程使得下伏于上泥盆统“铁帽层”之下的厚层石英砂岩得以剥露出地表，并在进一步的河流切割过程中形成方山、岩堡、岩墙和岩柱等景观。

平台：顶部平坦、海拔 1 000 米左右，边缘陡峭，高差几十米到四百米。平坦顶面由黄家磴组上部赤铁矿层构成。公园内平台分布在天子山边缘，总面积 3.1 平方千米，以南部最为发育，典型的平台有松子岗，宽 600 米，面积 0.7 平方千米，南缘以 380 米高的峭壁直下金鞭溪。

方山：从平台切割分离而成，四周皆为悬崖绝壁，如黄石寨、腰子寨等。黄石寨是石英砂岩峰林幼年发育期的一座平台方山，具有峰顶平坦、四壁陡峭的典型特征，其顶部面积约 0.2 平方千米，海拔 1 080 米（图 3-6，表 3-2）。

2）峰墙和峰丛

在武陵源穹状向斜构造区发育了典型的环状扇形辐聚式水系。其外围为向四周流出的环形辐射状水系，内部因四周为岭脊环绕，中部逐渐低凹，并往北偏东方向倾斜，总体呈山间剥蚀盆地形态，且分布致密块状结构的厚层石英砂岩，产状平缓，节理发育，因此水系成树枝状与格子状复合型。在新的地貌轮回中，在流水顺多组构造节理，特别是在北西和北东走向两组共扼节理进行强烈切割和溯源侵蚀作用过程中，伴随重力作用，塑造出形态各异的簇状岩峰、石柱以及众多沟壑镶嵌组合的形态，这一个地形切割过程在澧水期切割阶段应该表现得最为充分。因为，在

表 3-2 以平台与方山为代表地貌景观的石寨汇总

名称	地点	特征
腰子寨	张家界	海拔 1 005 米，因其地形如肾（俗称“腰子”），故名腰子寨，与黄石寨相对；寨顶稍平坦，多常绿灌木和武陵松，面积约 6 万平方米，四周为悬崖深壑，极其险绝；明、清朝至民国年间，腰子寨是老百姓避兵乱匪祸之地，现存有石寨遗址
黄石寨	张家界	海拔 1 200 米，为石英砂岩台地，面积二十余公顷，东北较低，边缘尽为悬崖，因地势高峻，可观峰林、云海、日出；可看到黑枞脑原始次生林。周围有天桥遗墩，雾海金龟、南天一柱等绝景，寨顶多武陵松
扁桶寨	张家界	海拔 1 100 米，为巨大石峰，矗立而起，其形状如扁桶，寨顶面积 2.6 万平方米；1949 年以前，多为当地土匪占据
鹰窝寨	索溪峪	面积 150 平方米，四面险绝；在寨顶可欣赏董家峪、百丈峡一带峰林和沙坪、高云的田园风光
躲官寨	索溪峪	海拔 580 米，与鹰窝寨遥遥相望；因古时老百姓躲避官匪而得名
锣鼓寨	索溪峪	海拔 780 米，因寨顶有石形状如锣鼓而得名；巨大孤峰高拔险峻，仅一条路可上。寨顶不足 200 平方米；立于寨顶可欣赏黑槽峪、马颈界的风光
蒋家寨	中湖	海拔 1120 米。因古时有蒋氏人家在此居住过而称蒋家寨；寨顶平坦，面积约 3 万平方米，上面有石屋、泉水
夹寨	索溪峪	海拔 730 米，与鹰窝寨相邻，因位于两峰之间，故称夹寨，十分奇险，仅羊肠小道可上
将军寨	天子山	海拔 1 030 米。相传明朝时当地土王向大坤在此驻扎过；故称将军寨，寨顶多灌木，面积约 12 万平方米，四周均为深谷，险峻非常
羊寨	天子山	海拔 960 米，为一巨大柱峰，与周围两峰呈三足鼎立之势，三峰之间相隔仅 10 米左右，可以用绳索跳荡而上

景区内可见众多处于极幼年期的沟谷形态，无疑多是澧水期切割过程中河流溯源侵蚀过程的产物。也正是由于该区内河流循岩层共扼节理切割形成网格状沟谷系统，交错深嵌于台地、方山和岩峰之间，从而将曾为整体的台地、台墩与方山等地貌形态进一步分割为以台寨为中心的岩峰、石柱群体。

峰墙、峰丛由平台、方山切割分化而成。峰墙是长条状的岩墙，横看成墙，侧看成峰，多数有平顶。峰丛是基座相连的柱峰群体。峰林是孤立的柱峰。

峰墙、峰丛的延伸方向受构造节理的控制，特别是压扭性的北西和北东向节理（表 3-3，图 3-7）。

图 3-6

黄石寨天桥遗墩与雾海金龟

图 3-7

典型的峰墙与峰丛景观

武陵源世界自然遗产管理办公室

表 3-3 张家界地质公园峰墙、峰丛发育方向统计表

方向	NNE	NE	NS	NNW	NW	NEE	NWW	EW	总计
峰墙、峰丛数 / 条	90	81	25	12	8	7	5	1	229
占总数百分比	39.3%	35.4%	10.9%	5.2%	3.5%	3.1%	2.2%	0.4%	100%

3）峰林

武陵源遗产地石英砂岩峰林地貌景观发育于泥盆系砂岩区，围天子山一圈及索溪河谷以南的王家峪至黑草沟东西一条带，面积 85.9 平方千米，共有大小峰林 3 100 多个，发育密度为 37.5 个 / 平方千米。峰林海拔 500 ~ 1 100 米，相对高度从几十米到四百米不等，统计见表 3-4。峰林形态万千，主要受节理和岩性组合的影响，常见形态如表 3-5 所列。

遗产地内峰林较为典型景点有："御笔峰""西海石林""神兵聚会""金鞭岩""罗汉迎宾""天书宝匣""南天一柱""摘星台"等（图 3-8，表 3-6）。

图 3-8
天子山西海峰林
张建国 摄

表 3-4 张家界地质公园石英砂岩峰林统计

区域	峰林发育类型	面积/平方千米	一级峰林（相对高度＞300米）		二级峰林（相对高度200～300米）		三级峰林（相对高度100～200米）		四级峰林（相对高度＜100米）		峰林总数	占比	密度/（个/平方千米）
			数量	占比	数量	占比	数量	占比	数量	占比			
天子山外围地区	壮年型	19.7	43	3.7%	153	13.1%	391	33.5%	576	49.7%	1166	37.6%	59.2
	成年型	12.5	0	—	13	2.3%	135	24.4%	417	73.8%	565	18.2%	45.2
		5.8	0	—	1	0.3%	52	17.8%	239	81.8%	295	9.4%	50.3
	老年型	9.4	0	—	3	1.3%	38	16.2%	193	82.5%	234	7.5%	24.9
		5.9	0	—	0	—	8	5.2%	145	94.8%	153	4.9%	25.9
索溪峪南部地区	壮年型	7.2	1	0.4%	19	7.1%	79	29.4%	170	63.2%	269	8.7%	37.4
	成年型	19.5	1	0.3%	9	2.8%	90	28.5%	216	68.4%	316	10.2%	16.8
	老年型	2.8	0	—	0	—	6	5.6%	102	94.4%	108	3.5%	38.6
总计		82.8	45	1.5%	198	6.4%	799	25.7%	2061	66.4%	3103	100%	37.5

表 3-5 峰林主要形状分类

形状	形成描述	举例
方柱状	在两组相互垂直的节理控制下形成	金交椅
棱柱状	沿多组节理崩裂的产物	石佛
针状	裂隙特别密集处的破裂产物，或由破裂的石芽构成	黄龙泉的将军岩
棒锤状	多由厚层石英砂岩构成，基部岩层较软弱形成锤柱	南天一柱
檐状、蘑菇状	均由于顶部有坚硬的铁矿层或含铁砂岩残留而成	檐状如老鹰咀
片状、板状	沿垂直节理劈开而成，前者竖立岩块较薄，后者较厚	片状如御笔峰、板状如淑女梳妆之镜屏
锥状	发生在一面沿垂直节理，另一面沿略有倾角的节理交互劈裂处	插旗峰
塔状、螺状	生成在软硬岩层互层发育处	海螺峰
掌状	沿多组垂直节理，顶部略为裂开者	手掌峰
歪斜状	沿层内“之”字形歪扭节理发育而成	斜峰叠石
堡状	主要裂隙距离较宽处的产物	古堡群砌
穹状、台状	主要裂隙距离较宽处的产生，前者顶部抗蚀力较弱，后者覆以坚硬水平岩层	雾海金龟下的基座
屏状	沿巨大裂隙劈开者，往往沿主要节理方向似屏墙，沿次要节理方向似弧峰	五女出征中的高耸石屏
叉状	在主柱峰上的附着岩体，上部分离开，基部已脱落者	狗熊作揖

表 3-6 主要峰林景观汇总

名称	地点	特征
劈山救母峰	金鞭岩下300米处	象形峰丛；基座为一峰墙，顶部为若干峰，一峰像灯笼，一峰似锋利对天的斧头，一峰如蹲伏小犬；中间峰似被劈开之状，其组合似中国传统戏剧《劈山救母》之剧照
千里相会峰	紫槽潭600米处	峰丛中两座较高的石峰下端浑为一体，上端分开，高者微欠身前俯，低者略向后仰，似人作拥抱状
神鹰护鞭峰	金鞭岩东侧	象形石峰；基座与金鞭岩相连，上半截紧偎金鞭岩，其顶端向西北横伸突出呈尖吻状，像鸟嘴；峰顶、峰腰尽为灌木、杂草及倒悬虬曲的武陵松，其整体似双翅微展的山鹰，月光中尤为逼真
双石玉笋峰	金鞭岩下20米处	两座小石柱似合而分，一根粗壮，一根纤细，酷似带壳的竹笋，形状峭美
骆驼峰	金鞭溪下游，距水绕四门1千米处	墙垣式石峰，形状酷似骆驼，有头、颈、身躯、尾巴，尤以驼峰部位栩栩如生
醉石峰	金鞭岩对岸	一巨大石峰，高200米，峰体光洁，上大下小，嶙峋挺拔，峰体由北向南倾19° 左右；距地面15米处，因坍塌形成岩罩，附落的石头，陷在溪畔，重数十吨，站在醉石下仰望石峰似摇欲倒
五指峰	黄石寨顶端台地西南下峡谷中	一墙形石峰，顶部分为五根并列屹立的石柱，中间一柱较高；整个石峰构成五指微张而直立的手掌
天桥遗墩峰	黄石寨顶东北峡谷中	石峰群。黄石寨与袁家界之间深300米的峡谷中并列矗立着六座高200米的椭圆形石柱，两两相距300米；从靠近袁家界一号石柱开始，依次升高，至第四号石柱又依次降低，六根石柱顶点可联成一弧线，酷似一组桥墩
仙人对弈峰	黄石寨至白沙井途中	峰丛中一座100米高的石峰，顶部中间隔一长方形石埂，相向盼顾的两座小石峰，似人沉思对弈状
无字天书峰	去黄石寨途中在南天门处回首望200米外一峰墙的顶端	峰墙上有一块宽30米、长70米之赤褐色石壁平面，其上有深灰色条痕水渍，似章法怪异而仅存点画的巨幅狂草字
三姐妹峰	夫妻岩观景台以西1.5千米之群峰顶端	三座石峰大小相近，形状均似圆柱体，两两相距百米，并列屹立群峰之首，海拔1200米，旧志称："三姐妹山，城北七十里，山峰鼎峙，秀出云端，遥望若蝉娟状"，又称："卓立云表，远望欲仙"

续表

名称	地点	特征
层岩涌塔	腰子寨西南端	峰群以奔突之势依次相叠，争奇炫诡，从沟谷底部突兀云天，形如群塔；在树林杂草、苔衣的绿色中夹杂着灰白、赭赤的柱石，对比强烈；明《永定县志》称之为“层岩涌塔”
五女拜帅峰	砂刀沟内	五座石峰并列向其正面一巨型石峰，似作俯首状，相传佘太君曾率五女征南，故名
清真五塔峰	金鞭溪中去黄莲湾入口处	峡谷狭窄，两旁纵向对峙无数高峰，其前五峰拱峙如清真塔状，其势欲倒
御案峰	水绕四门	象形拟物峰群，水绕四门为金鞭溪与矿洞溪、龙尾溪汇合处。溪谷宽阔，四周群峰聚集，奇秀迷人；谷地东南面一堵墙拔地挺立，至 300 米处化为一组峰林，一峰象笔架，一峰如砚池，一峰似朱笔，另一峰犹如笔筒，好像在巨大的案桌上陈列着文房四宝
对歌台	老屋场	象形峰丛；两座石峰隔涧对峙；两峰顶端均为平台，一平台上有三根嶙峋瘦削的小石柱，其中两根似人蹲坐状，一根似女子亭亭玉立；另一平台上屹立着三根稍粗小石柱，皆昂然而立；这一组天然雕塑似湘西苗族男女对歌寻找恋人的场面
孔雀开屏峰	老屋场	一巨石横卧山涧，形似孔雀开屏
仙翁垂钓峰	黄龙泉	一石兀立，形似身披蓑衣，头戴斗笠，全神贯注垂钓之渔翁，其神态活灵活现
姊妹峰	黄龙泉	两座石峰抵背傲立苍松翠柏间，高百余米，两峰顶端似人头，面朝南者鼻子微翘，下巴外伸，眉清目秀，面向北者长相粗犷，大眼睛，高鼻梁，如亲密两女
天子峰	天子山茶盘塔	因历史上曾修建有向王天子庙而得名，海拔 1262.52 米，为天子山景区之最高峰
武士驯马峰	石家檐	旷谷中数十座奇峰屹立，其中一峰似骏马昂首扬鬃长嘶，骏马的旁边一石峰似武士勒住马的缰绳
仙女献花峰	石家檐	深涧中一圆柱形石峰，造型奇特，酷似胸前捧大花钵、面带微笑、体态雍容华贵的中国唐代仕女
石船出海峰	石家檐	一块横卧的巨石，长 200 米，高 40 米，呈船形，云雾中似航行海涛中的船舶
狮子望绣球峰	西海	一座青色岩石形如狮子，石罅勾勒出嘴和牙，簇生的芳草构成其毛发，狮子利爪前伸，身躯微屈，欲向对面山梁腾跃，山梁上一座小石峰顶端呈球状
盘松佛塔峰	石家檐	一圆柱形石峰，高 200 多米，自下而上分为 10 级，如塔状，塔身长满亭亭如盖的矮小武陵松，松树分左右两行排列，拾级而上至塔顶，妙不可言，塔顶叠一匣形石块，相传，石匣内藏有佛教经书
黑熊观天峰	老屋场	一石横卧峰墙之巅，俏形如熊，翘首望天，熊身呈灰褐色
转阁楼	十里画廊	一石近浑圆，高 30 米，屹立谷中，形似楼阁，近基座处向内凹陷，形成环峰走廊，沿走廊可盘旋而上至峰顶，途中有一横凹石台，可容十余人，峰顶为平台，能容百人站立
寿星迎宾峰	十里画廊入口处	一石峰似人，五官轮廓分明，短发长眉，眼睛深邃，笑容可掬，左手高举，似作迎宾状

续表

名称	地点	特征
两面神峰	十里画廊	一孤峰，高百余米，上粗下细，顶部耸翠叠绿，略成圆形；南北两面均成人头浮雕；鼻梁、嘴唇、眼睛十分逼真
紫驼过海峰	叶家岗	一块状石峰孤峙于山脊，形似骆驼，颈长 70 米，身长 400 米，通身赤紫色，伸颈昂首向东欲跋山涉水而去
西天佛地群峰	蔡家峪内	山脊一自生石门，门洞雄奇，谷内十八座石峰攒簇辉丹，犹如罗汉；谷之西岸一凌云孤峰，临涧千尺，顶端为一长方形石台，似横盘，整个溪谷氛围神秘，故称“西天佛地”
昭君出塞峰	西海斋公湾之西北	斋公湾多枫树，秋天，其色浓重如火，湾之西北山脊上一组石峰构成绝妙的“昭君出塞图”；昭君浓妆淡抹，骑马欲行，周围无数石峰似数人送昭君远行状
钟馗峰	天子山黄龙泉景区	一巨石似钟馗像；头戴软翅纱帽，身着圆领长袍，腰束玉带，踏歪头皂靴，双目圆睁如灯笼，胡须飘拂，腰间横身的石条似剑，手中似执一簿子，临渊而立
独龙戏珠峰	黄石寨北门下	一峰突兀高耸，瘦削坚劲；一峰像龙嘴上仰，龙嘴下 200 米的山坡上，一座八米高的石柱顶端呈球形，似刚从龙嘴坠地的宝珠
斜塔	砂刀沟中部	石峰 50 米，胸径 5 米，体近圆柱，中间略细，向东南方向倾斜 20° 左右
石蛙探谷峰	袁家界	绝壁顶端石台上趴着一支灰褐色的石头，呈蛙形，头伸向沟谷，栩栩如生，石蛙下临深涧，涧内怪石嵯峨
双龟天游峰	天下第一桥东南深谷中	一孤峰自谷底拔地而起，高 300 米，与台地隔涧相望，其顶端平台上长满针状草，草上趴着一只似人工雕成的石龟，竖颈昂首；两石龟之间有几根拔地而起的石柱；石柱周围是空荡、深邃的山谷；谷中多云雾，山峰时隐时现，二石龟犹在云天
观音坐莲峰	西海	一峰位置较高，似人盘膝而坐，头部前倾，酷似观音菩萨坐莲台状
猴头峰	黄石寨	两峰顶端部位酷似猴头，脸型、五官齐全，头顶茂密的黄草。
凤凰岩	龙凤庵	一石峰高百余米，形似飞禽凤凰，有头，有颈、有身躯，引颈向西南，形态逼真
火箭峰	金鞭溪	石峰顶端部位形似正待发射的火箭
长醉翁	琵琶溪	一峰墙顶端部位形似人仰卧于轮椅中，双目微闭，口微张，翘鼻短鬚，似戴冠冕，面对“九重仙阁”，背倚苍岩绝壁，如酣睡模样
猪八戒照镜峰	金鞭溪	一座光秃秃的石峰，形似“猪头”，张着嘴；“猪头”对面有一板状石峰，构成“猪八戒照镜子图”
梭标岩	腰子寨	一峰从幽谷中突兀耸峙，与腰子寨台地平齐，顶端形似矛头；人称“箭石”，又名“梭标岩”
古堡群雕组峰	黄龙泉	数十座石峰形近浑圆之古堡，峰顶参差不一，位置错落有致，似人工构造之古堡群落
黄龙锋	茶盘塔	海拔 1219 米，居天子山群峰之巅，峰麓有一流泉，水为黄色
蜡烛峰	宝峰湖	一峰上半截浑圆，下半截纤细呈方柱体，形似蜡烛
交颈鸳鸯峰	金鞭溪	两峰顶端似鸳鸯交颈

续表

名称	地点	特征
老妪扣门峰	西海	两石峰相对，一峰呈板状门形，一峰较矮，似背微驼之老妪，伸出一手扣击石门，造型逼真，疑为鬼工
玉瓶开花峰	宝峰湖	一峰自湖水中突兀耸立，像一支花瓶，春夏季节，瓶顶常有山花吐艳
金蟾望月峰	唐家山	三峰并立，形似蟾蜍仰望天空
金龟探海峰	唐家山	群峰之巅兀立一峰，形似乌龟，常与浮云相接
龟蛇峰	金鞭溪	两山峰，一似乌龟，一似蛇头，注目相对
观音送子峰	黄石寨	一峰如人盘腿打坐，胸前抱一小石，名“观音送子”
兔儿望月峰	琵琶界	海拔 1264.5 米，为武陵源最高峰，峰顶端如兔，头斜上仰。因月中有玉兔的传说，故称兔儿望月
母鸡孵蛋峰	叶家岗	“绿喁山庄”背倚山梁之巅，一光秃秃的石峰似鸡蹲窝状
接霞峰	百丈峡鹞子山	百丈峡景区内鹞子山之最高峰，形成板状，通身赭赤；太阳刚出山则有霞光从山谷缝隙中直射此峰
神笔峰	金鞭溪	一石峰上端呈毛笔笔锋形象，倒立，似有人执笔书天
宝剑峰	水绕四门	石峰峻峭，从溪边拔地而起，上部略细，正面平展，有如古剑
情侣峰	天子山	一座秀峰自然分成两半，矮的像土家阿妹，高的似土家后生，两“人”在这幽静处约会，正悄声耳语
海螺峰	十里画廊	一尊石峰高约百米，顶端部分因风化成海螺形象
神鸡啄食峰	茶盘塔	一座魁伟石柱从悬崖边峭拔而起，柱顶稍平，顶上有一座峰似母鸡啄食
向王阅书峰	落马峪左侧	三座石峰呈品字形，中间一峰略大，似传说中的向王在阅读兵书，旁边两峰略小，似仆人立于身边
出闺峰	十里画廊	一峰独立，似一少女，头至背面长有翠绿灌木，如着披纱，下端因石层折带明显，好像百折裙。整个形象如姑娘出闺，含羞而步履文雅
双马跳涧峰	十里画廊	两座石峰似长啸骏马，相向而立，中间空旷，欲跃身过涧
宝塔峰	卧龙岭	一座石峰高达 300 米，巍然雄奇，状如宝塔，直耸云天
五老松峰	月亮垭	在一座奇异欲倾的石峰上，长有形态各异的五棵武陵松，给人一种苍劲，向上、充满活力的感觉
天台峰	月亮垭	石峰兀立，四面险峭如削，峰顶平坦，有苍虬老松，有云梯可上，在峰顶可观西海峰林
凤栖峰	天子山	数座秀奇石峰中有一峰像凤凰，一动不动，似在栖息
芙蓉峰	天子山	山顶矗立着九座小石峰，如花冠初张的芙蓉花
宝石开花峰	枫家湾	一座峻秀石峰的顶上有五棱形石，如宝石，恰在此石底部长有一簇映山红，映山红花开，映衬“宝石”，称“宝石开花”
顶天楼	十里画廊	石峰雄伟，高达 200 米，如楼阁直插云霄，有民谣流传：“大庸有座天门山，离天三尺三；索溪有座顶天楼，一头钻进云里头”

续表

名称	地点	特征
红岩峰	金斗	在一座雄伟的山体顶部，平地拔起几座小石峰，高30余米，石褐色，因地势高峻可观日出，日出时，其石峰被照耀得通红，峰顶有红岩寺遗址
金燕峰	黑槽沟	峰顶秀削，其形态形如燕子展翅，峰顶曾有金燕庵，传说曾栖有数十只燕子，每天日出即飞出，围着峰翻转鸣叫，悦耳动人，故称金燕峰
菜刀峰	斋公湾	峰丛中一峰横卧，长约180米，宽约50米，厚仅10米左右，如一把巨大的菜刀
母子峰	十里画廊	在横卧的山体上一石峰孑然而立，高约15米，其峰顶自然形成高低两个柱石，高者像一女人，矮者似一幼子，相向而坐如亲密母子俩
诗女峰	转阁楼左侧	几座峰中间一峰独立，峰顶端酷似一女人头，仅露出左面半边脸，可见其眉、眼、鼻、嘴，头略向右倾，面朝十里画廊，神情沉思如诗女吟诗
天狗望月峰	十里画廊口	一巨峰如张嘴之犬，仰向天空，因有“天狗吃月”之传说，故名天狗望月
斗蛙峰	施家峪	三座石峰傲然而立，上端好像蛙头，相互挤在一起，如嬉戏争斗之情景
七女峰	黄花溪	峰下端为一整体，上端分开成七座秀丽小峰，如七女戏闹
金刚峰	十里画廊	一峰形似传说中的金刚菩萨，隐约可见其怒目
迷宫卫士峰	枝儿湾口	在森林中一峰鼎立，似古代卫士模样，俯视枝儿湾
金鸡报晓峰	张家界	由三座石峰组成如金鸡，以太阳从东方升起至金鸡头部时最为生动
三旗峰	甘溪沟	三座板形石峰鼎立，宛如三面巨大的旗帜竖立在山顶
昆仑峰	天子山	海拔1262.5米，为武陵源第三高峰，石灰岩山体，山体雄伟高峻

4）天生桥

桥面均由坚硬的铁矿层和含铁石英砂岩构成。遗产地内比较典型的天生桥有“天下第一桥”和“仙人桥”。

“天下第一桥”天然石桥凌空飞架于两峰之巅，气势磅礴，奇伟绝伦，被称“天下第一”（图 3-9）。石桥宽仅 2 米，厚 5 米，跨度约 50 米，相对高度近 400 米。它是由峰墙在风化作用下，下部岩层坍塌所形成。

“仙人桥”由石英砂岩构成，桥长 26 米，厚 1 ~ 2 米，宽仅 1.5 米，如一道彩虹飞架于深渊之上；桥面平整，两端有巨石支撑。桥面两端隆起的石块如对称的桥堡。桥下为万丈绝壁，云涌雾绕，惊心动魄，为天子山一绝。

5）石门

如“南天门”，高约 15 米，基部宽 10 米，是在两组斜交裂隙的引导下，从岩墙中部薄层松软岩处天然崩落而成。

图 3-9
天生桥“天下第一桥”
武陵源世界自然遗产管理办公室

6）峡谷和嶂谷

重力崩塌和斜坡后退作用也是砂岩峰林景观形成中必不可少的外动力作用机制。在现今的岩峰、岩桥、岩墙与陡壁之下，重力崩塌所形成的坡积碎石层在景区内比比皆是，是重力崩塌作用存在的强有力证据。在遥感影像上，穿越遗产区的索溪峪的各支流多呈现出树枝状水系特征，指示了区域水系溯源侵蚀作用的普遍存在。在河流切割和溯源侵蚀过程中，由于厚层砂岩岩层中近直立的构造节理带和裂隙带极为发育，有利于岩块在下部的软弱泥质砂岩和泥质岩夹层被掏蚀后，顺节理或裂隙带发生规模不等的崩塌作用，而正是岩块的大规模重力崩塌作用造就了岩峰、岩墙、岩柱和方山等令人叹为观止的峭壁与悬崖景观。

武陵源遗产地沟谷纵横密布，切割甚深，如金鞭溪、沙刀沟、矿洞溪等，切割深度达 200 ~ 400 米，两侧峭壁直立，形成箱型谷。插旗峪切出著名的百丈峡，长 1.5 千米，深 200 多米，谷底宽 10 ~ 20 米。

沟谷的发育方向和空间组合受断裂构造控制。如“百丈峡”为一北东向大断层，黑草沟的“一线天”沿北西张节理发育，“水绕四门”系两组垂直断裂交叉处，形成十字形河谷。金鞭溪主要沿北东和北西两组节理发育。插旗峪与施家峪之间的棋盘格状沟谷，黑草沟流域的羽状沟谷等，均由构造所控制。

在峰林、峰墙的坡麓，常有倒石堆形成，组合成顶平、壁陡、麓缓的景观。以上各种形态，据其组合形式，又可分为三种景观类型（表 3-7，图 3-10，表 3-8）。

表 3-7 峡谷、嶂谷景观类型分类

景观类型	分布
平台方山嶂谷景观	见于天子山边缘及黄石寨、腰子寨附近
峰林嶂谷景观	广泛分布于全区，以金鞭溪两侧为最典型
斜坡峰林景观	由志留系平缓山坡上的残余石英砂岩峰林构成，如金交椅一带

图 3-10
峡谷、嶂谷景观

表 3-8 主要峡谷、嶂谷景观汇总

名称	地点	特征
十里画廊	索溪峪	又名“干溪沟”，为深切形沟谷，长 5 千米；两岸奇峰耸列，怪石林立，千姿百态，似人似物，尤以“寿星迎宾”“采药老人”“锦鼠观天”“两面神”“众仙拜观音”等最奇，栩栩如生，加之沟谷开阔，观景效果极佳，誉为“天然雕塑画廊”
砂刀沟	张家界	在袁家界下，与金鞭溪沟相接，长 5 千米；两旁石壁陡峭如墙，怪石嶙峋，沟谷狭窄幽深，多古树野花；古藤、绿苔、富有野趣；因地形独特，有逆温现象
金鞭沟	张家界	为深切峡谷，全长 5.7 千米；谷内奇峰凛列，峭崖雄峙，呈咄咄逼人之势，雄奇险峻，动态美与静态美结合臻于完美
青龙沟	天子山	位于天子山泗南峪，沟深 2 千米；雄奇石峰从山坡上拔地而起，千姿百态，有“屈子行吟石”“凤栖石”“山女回门石”等奇峰怪石
黑槽沟	索溪峪	又名“一线天”，全长 8 千米，为深切峡谷，峭峰对列，忽分忽合，分时豁然天地，合时一线天光，雄险幽奇，谷中间又分两条小谷，峰回路转，蜿蜒有致
插旗峪	索溪峪	位于索溪峪沙坪村与高云村交界处，峪长 5 千米。青峰峥嵘，清溪中流，中有一石，拔地而起，横看如一面大旗，侧看如剑；尤以“百丈峡”为最雄奇险削，壁上刻有明诗：“峡高百丈洞云深，要识桃源此处寻；戒旅徐行风雪紧，谁将兴尽类山阴”
矿洞峪	水绕四门	包括“水绕四门”及北门峡谷，奇峰深锁，高耸入云，姿态万千，雄奇幽深
董家峪	索溪峪	位于索溪峪镇沙坪村，全长 3 千米，峪中秀峰劲拔，东倒西歪如坠；春夏紫鹃满谷十分秀丽
王家峪	索溪峪	位于索溪峪高云村南部，峪深 4 千米；峪中多秀峰，溪水多姿，有王家洞瀑布
白虎堂	索溪峪	位于索溪白虎堂村，谷长 4 千米；谷中多岔沟小壑，石峰秀奇，百态千姿

2. 岩溶地貌（喀斯特地貌）景观

岩溶地貌主要发育于大子山短轴向斜核部二叠系，如喻家咀向斜核部二叠、三叠系碳酸盐岩分布区，海拔 300 ~ 1200 米，总面积 80.6 平方千米。主要的岩溶溶洞地貌景观主要发育在三叠系嘉陵江组厚层状灰岩、白云质灰岩中。

1）漏斗和洼地

在东北部、漏斗和落水洞平均密度为 7.7 个每平方千米，按高度分布统计见表 3-9。

由此可见，岩溶作用以 600 ~ 800 米最弱，向低处和高处都增强，1 000 米以上为古岩溶台面。最大洼地半径达 200 余米，深 100 米，在马家山北坡海拔 450 米处。

漏斗洼地的平面分布有明显带状及相对成群的特征。带状分布主要受构造线控制，沿北东、北西和东西向的构造线成串分布。洼地总面积 1.75 平方千米，平均每个洼地 2 万平方米，最大的洼地田家界 24.4 万平方米。索溪以北溶蚀洼地面积发育率为 2.7%。洼地的形态轮廓受制于北东、北西和东西向构造线，见表 3-10。

表 3-9 漏斗、落水洞分布密度统计

海拔范围 / 米	漏斗数 / 个	密度 /(个 / 平方千米)
<400	91	3.1
400 ~ 600	204	7.9
600 ~ 800	54	4.7
800 ~ 1000	51	6.2
≥ 1000	18	7.82

表 3-10 洼地发育方向统计表

洼地长轴方向	SN	NNE	NE	NEE	EW	NNW	NW	NWW	总计
洼地个数	6	18	27	12	19	10	17	4	123
占比 /%	4.9	14.6	22.0	9.8	15.4	8.1	13.8	11.4	100

2）溶丘、石芽和石林

典型的溶丘分布在 500 米以上，相对高度不过 50 米，坡面石芽广布。500 米以上的峰丘，大部分洼地发育于海拔 600 米以下的地区。有明显的山地特点，因受构造控制，多成北东—西南向脉起状，高差一般小于 100 米。

石林仅见于海拔 920 米的塘堰附近，高 3 ~ 7 米，零星散布于缓坡，是发育在第三系地层中的岩溶地貌遗迹。

3）溶洞

主要集中在索溪河谷北侧及天子山东南边缘。黄龙洞、双合洞及公园外围的九天洞，均发育于下三叠统嘉陵江组厚层状白云质灰岩中。天子山溶洞几乎都出现在二叠系灰岩与泥盆系砂岩交界面，海拔 1000 米左右。

溶洞的发育方向受断裂构造控制，如黄龙洞，主体沿东西向断裂延伸；从局部来看，北东和北西节理也明显控制溶洞的方向，如出口段为北东、北西向追踪式发育。天子山的双合洞，追踪北西、北东和东西向节理向西延伸，横断面是典型的裂隙式形式。

在后期岩溶发育过程中，溶洞被破坏，可以形成深陷洼地（如老虎凹），山顶槽谷和穿洞等多种形态。在天子山风化层中可见古溶洞形迹（图 3-11，表 3-11）。

图 3-11
黄龙洞内景

表 3-11 主要岩溶地貌溶洞景观汇总

名称	地点	特征
黄龙洞	索溪峪	又称"黄龙泉"，位于索溪峪河口村。分旱洞水洞、共四层，初探长度 11 千米，最高处百余米。洞内流痕、边石、倒石芽、倒锅状窝穴阶地发育良好；钙质堆积物五颜六色，绚丽多姿；石钟乳鹅管、石笋、石柱、石旗、石瀑、石帘、石幔、石花、石盆、石田穴珠等造型奇特；有 11 千米暗河。洞中有瀑布，高 50 余米，黄龙洞几乎包含了溶洞的全部内容，有十分重要的科研和观赏价值
观音洞	索溪峪	位于索溪峪双星村；洞高 50 余米，宽 20 米，长约 1.5 千米，该洞高大宽敞，气势宏伟，两端相通；洞中有石钟乳、石柱、石幔、石竹等景物，内有暗河可以行舟；景观色彩丰富，造型奇特；有巨型石柱，形如观音，雅静端庄
龙王洞	天子山	位于天子山黄龙寨山腰；洞高 30 余米，长约 3.5 千米；洞中钟乳石千奇百怪，似人似物造型逼真；有一石笋如龙探身，四周有大小七个圆形乳石，称为龙灯，有岩溶平台两处，如床，传说是龙王就寝之处
悬寺洞	索溪峪	位于索溪峪金斗村香楠峪；洞口奇特，犹如人嘴与喉的连接状；洞深不可测，洞中石笋如林，与洞顶连为一体。石花、石槌、石柱等数不胜数，十分壮观，且均为肉红色，光照其上，晶莹闪烁，有较高的欣赏价值
骆驼洞	索溪峪	位于索溪峪军地坪吴家峪口，因洞中有石骆驼故名；溶洞巨大，经多次探险，于今未穷其源
野人井	索溪峪	位于索溪峪岩门村岩门坡顶，漏斗式溶洞；洞中有暗河，暗河中多大鲵及多种鱼类
飞云洞	张家界	位于张家界黄石寨背后，为石英砂岩分化而成，呈"A"字形；长约 10 米，宽 5 米，早晚洞中烟云缭绕，尤其是雨后初晴，洞中云雾袅袅飘出，情趣盎然
双合洞	天子山	此洞为岩溶溶洞，高 26 米，宽 30 余米，深 1 千米，分干洞和水洞；干洞平坦，石柱林立，石壁上有流痕、石竹、石帷等。水洞狭窄幽深，水清如镜，可行竹筏
夹人洞	张家界	位于袁家界下坪，进洞处为一凹石槽，高 3 米，宽 4 余米；凹槽顶有一直径为 80 厘米的石眼，有泉水飞珠般喷出，而此眼竟是进洞口，需置木梯潜身而入；洞中多钟乳石，呈浅红、瓦蓝、灰白、铁青色，形状奇特；有支洞，深不可测
乌龙洞	张家界	位于袁家界中坪与下坪交界处，距后花园约 0.5 千米；该洞地质构造奇特：洞顶、洞壁是石灰岩，洞底是石英砂岩，有较高的科研价值

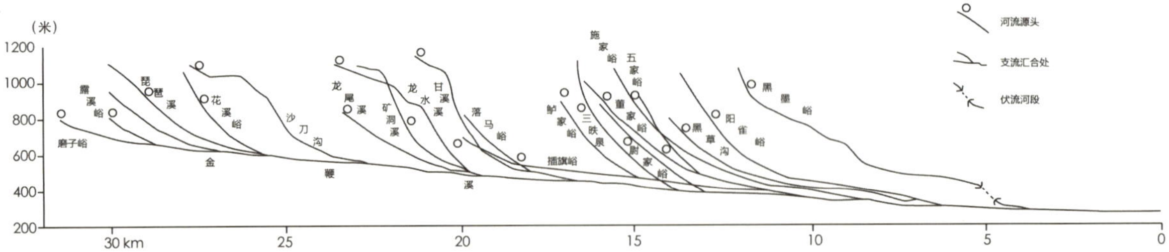

4）沟谷和水系

在东北部，常年溪流仅有黑墨峪等少数几条，且水量不大，下游都转入地下，成为盲谷。地表水多以漏斗、洼地为集水中心，形成众多封闭的集水区。

最长的溪流干溪沟，上游黑墨峪源于海拔 1000 多米的山地，水量较丰，侵蚀作用较强。干溪沟口峡谷以下，水量渐减，在毛家塔以下转入地下，伏流 500 米，落差 100 米，从岩门坎转为明流注入索溪（图 3-12）。

图 3-12

索溪上游主要河谷纵剖面图

赵逊等：《张家界地貌地质特征及其地质景观成因研究》，地质出版社，2011。

3. 剥蚀构造地貌景观

1）侵蚀剥蚀构造中山

海拔 800 米以上，相对高度大于 300 米。

单面山：如马颈界－白虎堂，朝天观－大尖等。缓坡坡度为 15°～18°，平等状和扇状水系切割率低，残积层较厚。陡坡坡度 60°～70°，水流短急，切割较深，脊峭，坡陡，谷深。单面山脊线上的山峰，昂首凌空，气势甚为壮观。

石英砂岩峰丛地：发育于喻家咀向斜西翼的泥盆系地层，金牛山－薄刀岭一带，与单面山陡坡地貌相似，同时又有峰林地貌的某些特点。但因岩层倾角较大（30°左右），易倒塌，只有个别矮小峰林出现，整体上呈坡陡谷深、山脊尖峭、锯齿状的峰丛形态。

鲤脊"V"形谷中山：为志留系砂岩，山脊尖峭，河谷成"V"形。

2）侵蚀剥蚀低山

分布在前述弧形中心带外围，海拔 800 米以上，相对高度为 100～300 米。山脊较缓和，河谷呈开阔的"V"形，下游谷底有较宽的阶地。

3）溶蚀剥蚀丘陵

分布在东北部的呈家峪一带，海拔 300 米以下，高差小于 50 米。地层为三叠系巴东组，上部紫红色粉砂岩形成丘顶，而底部为灰岩，因而表现出某些溶蚀现象，如形成漏斗等。

4. 河谷侵蚀堆积地貌景观

分布在军地坪以下的索溪河谷及泗南峪、郑家峪、野溪铺等河谷地带。在军地坪－沙坪村最为宽广，分河床、河漫滩、阶地、山前冲洪积扇等地貌形态（图 3-13）。以沙坪村为中心的凹陷盆地，第四纪沉积厚度达 60 余米，形成三级阶地。

该地貌类型可分为山前冲洪扇、阶地和高漫滩。前冲洪扇：分布于沙坪村，发育于插旗峪－施家峪峪口一带；阶地：索溪两岸发育两级阶地，二级为基座阶地，高出河面 3 ～ 10 米；高漫滩：军地坪－喻家咀一线，面积达 4 ～ 5 平方千米。

5. 水体景观

遗产地属中亚热带山地型季风湿润气候，气候四季分明，日照充足，年均气温 14℃～15℃。一年之中，以一月最冷，日均温度为 1℃～5℃，七月最热，日均温度为 23℃～27℃。五、六、十月潮温，七、八、九月干旱，年平均相对温度为 77%。年降雨量为 1 200 ～ 1 600 毫米，其中春夏（四至六月）降雨最多，秋季（七至九月）次之，冬季（十二至次年二月）最少。平均无霜期 240 ～ 300 天。

遗产地水系发育，属澧水上游一级支流溇水的次一级支流索溪水系。该溪由西往东穿过遗产地，于“水绕四门”以上称“金鞭溪”，至索溪峪

图 3-13
宝峰湖景

后则称“索水”。因断裂抬升和侵蚀作用，在砂岩峰林区形成了激流深潭和大叠水，著名飞瀑有“天悬百练”“鸳鸯瀑”“吊水岩”“紫草潭”“跳鱼潭”等。全区水资源总量为 13.13 万立方米 / 天，其中地下水资源量为 12.75 万立方米 / 天，占总量的 97.12%，地下水资源在遗产地水资源中占有重要地位。

石英砂岩峰林地貌、岩溶地貌等地貌与武陵源水文系统的复杂演化关系，完整而鲜明地体现了武陵源区域水文特征与演化，及其在自然地理环境形成演化中的作用（图 3-14，图 3-15，表 3-12）。

世界遗产

世界遗产区范围

世界遗产缓冲区范围

风景区总规

风景名胜区范围

资源分布

河流及水域

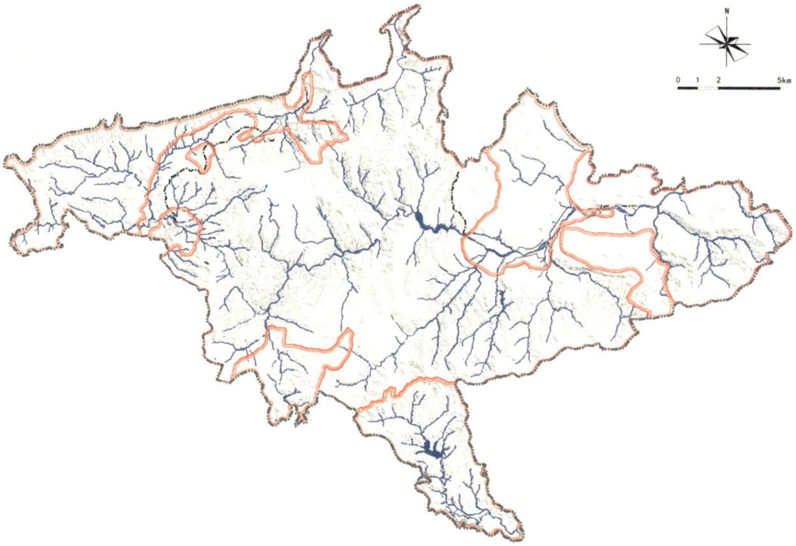

图 3-14

武陵源世界自然遗产地水系图

湖南省张家界市武陵源区人民政府:《武陵源世界遗产地 2015 年度保护管理状况报告》，2016，第 1—4 页。

图 3-15

金鞭溪

表 3-12 主要水体景观汇总

名称	地点	特征
宝峰湖	索溪峪	为人工沿裂缝堵截的高峡平湖，坝高 80 米，最宽处 16 米，最窄处仅 1 米，回水长度 2 千米；湖岸奇峰簇拥环绕，湖光倒影明丽清秀，著名诗人邵燕祥先生赋诗赞道："峻峡深藏酒一瓯，藏醒藏醉不藏愁；山于绝处活芳草，水到穷时横小舟；爱此风光高档次，唐情宋思暂勾留"
鸳鸯瀑布	天子山	位于天子山老屋场西部；一条白练似的飞流从百余米石崖顶泻下，中间因石头阻截，将水流分成两股，然后流入水潭，融为一体，故称鸳鸯瀑；飞流直下，如珠击玉盘，訇然作响，几里之外可闻其声，周围另有六月飘雪，九天银河等多处瀑布
索溪	索溪峪	为武陵源的最大溪流，全长 69 千米；由大小十二余溪涧汇合而成；上游与金鞭溪相接，溪水蜿蜒平静，出葫芦口豁然开阔，水流清澈，鱼虾悠然，两岸有田园农舍，风光自然秀丽
金鞭溪	张家界	发源于磨子峪，全长 9.7 千米；因溪畔有奇峰如古代金鞭而得名；溪两岸奇峰峭崖雄峙，溪水中流跌宕多姿，又多清澈水潭
跳鱼潭	张家界	在金鞭溪紫槽潭之下，由溪水冲刷成石槽，水流飞泻入潭，形成落差，游鱼产子溯水而上，至此活蹦乱跳，故名跳鱼潭，潭边为紫红色砂岩，芳草簇簇，晴日绿影，可掬可戏
紫槽潭	张家界	位于金鞭溪与砂刀沟汇合处；谷为紫红色砂岩，因流水经多年冲刷成槽状，而名紫槽潭；潭长约 8 米，宽约 3 米，深 2 米，潭水清澈见底，加之因奇峰绿树紫石映入潭底，斑驳陆离，水光粼粼，绿影摇曳，极为自然和谐
天悬白练	张家界	袁家界猴儿洞下 100 米处，溪水自猴儿洞下跌月亮岩，中间两次与石壁凸出处撞击，形成白洁、悠长、宽幅的雨帘，然后跌入落差 210 米的山谷，阳光下，随时可见彩虹；雨后，瀑布变为巨流，更为壮观
腰子寨涧	张家界	沟底为石坡或台地，落差较大，溪水由上而下，时如细丝，时如帐帘，跌宕有趣
空心潭	张家界	在砂刀沟里；几股流泉在红白相杂的乱石堆中奔突碰撞，注入潭中；潭水中倒映着石峰，绿树和一个半圆形的蓝天，似无潭底
花溪	张家界	发源于腰子寨，全长 6 千米；因溪畔多野花芳草，故名；溪水从海拔 1100 米处流入 700 米的老鹰湾，因落差大，沿途溪水多姿
琵琶溪	张家界	发源于琵琶界，全长 4 千米；溪水柔细，清亮；
矿洞溪	水绕四门	发源于袁家界，溪水清澈平静，在水绕四门汇入索溪；
龙尾溪	协合	发源于梓木岗，由无数条泉涧汇流而成；溪水蜿蜒幽深，状如龙尾，故名
网泉溪	索溪峪	发源于马颈界全长 4 千米，因沿途多小泉，故称网泉溪；溪沟幽深，溪水清凉

续表

名称	地点	特征
香楠溪	索溪峪	位于索溪镇金斗村，发源于土坡界，全长 4.3 千米，因溪水上游有香楠树而得名，溪水时而平缓，时而叮咚，时而喧哗，在金斗汇入索溪
黄龙溪	天子山	位于天子山发源于黄龙泉，全长 3 千米；溪水清澈；平静，清甜可口
泗南峪	天子山	发源于天子山全长 8 千米；为天子山最大溪流；溪水上游细小，因落差大时而小泻，时而跌荡，到峪底渐趋平缓，水清澈，入汨湖、鸳鸯溪
香子溪	中湖	发源于袁家界石家堰龙凤泉，全长 5 千米；溪蜿蜒崎曲，水流多姿
枝儿溪	索溪峪	溪长 1.5 千米，发源于天子山石家檐东侧；一股涓流从葱郁的绿林里汩汩流出，在隐仙桥下三叠泉汇合；沿途落差大，三水折叠，跌宕有致，两旁森林环抱
王家洞瀑布	索溪峪	位于索溪镇高云村王家峪；瀑布从台底低凹处奔泻而下，长 3 千米，落入深潭，高 40 米，宽 6 米；
董家峪溪	索溪峪	溪长 3 千米，源于宝峰山下；此溪素有“四十八躲，七十二藏”之称，忽而昂扬野冲，忽而汩汩潜入石隙，沿溪多清澈小潭，偶而有几座险峻的石峰从溪畔耸起，极美
白鹤溪	中湖	发源于天子山凤栖山西麓，全长 3 千米；溪中有一间歇泉；上游两崖为砂岩峰丛和自然林，下游西崖为农舍田园；溪水流至白鹤坪与香子溪汇合；白鹤坪树木葱笼，有近千只白鹤栖息
星子溪	索溪峪	发源于土坡界，全长 3.5 千米；上游落差大，多小瀑，奔泻跌荡有趣，下游平缓多小潭，宛如星子点缀，溪水清洌
黑槽溪	索溪峪	此溪源于马颈界，长达 5 千米，尽由泉涧汇合成溪，进入黑槽沟因峡谷狭窄幽深，时开时合；溪水十分清凉，且多小潭，有很美的欣赏价值
白虎溪	索溪峪	此溪源于凤翔岭，长达 4 千米，溪流蜿蜒曲折，沿途多小溪
砂刀溪	张家界	金鞭溪的支流，发源于猴儿涧，全长 5 千米；溪水蜿蜒，时隐时现，时泻时跌，生动多姿
蔡家峪溪	索溪峪	此溪源于斋公湾，全长 3.5 千米；溪水顺沟斜下，多落差，一路跌荡，叮咚如琴在蔡家峪口注入索溪
落马峪溪	索溪峪	发源于张三界，全长 1.5 千米，溪水涓细，蜿蜒而下，在落马峪口汇入索溪
插溪	索溪峪	系索溪一级支流，发源于协合的黄家坪，全长 10.5 千米；溪水平缓，中有插旗峰
施家峪溪	索溪峪	发源于鹞子山，长 3 千米，流入宝峰湖；上游溪床均被灌木古藤覆盖，仅闻叮咚水声；中段右为奇峰峭壁，左为田园，溪水清凉，奔泻多姿

3.3.2 地质史的完整性及其载体

砂岩峰林所展现的发育演化历史是区域构造间歇性抬升、共轭垂直节理剪切、流水侵蚀切割、峰林演化形成的见证，反映了该地区一段完整的地质历史；保存在志留系 – 中三叠统的古生物化石是地球生命演化的重要记录。尤其是地层剖面中的标准化石及标准化石组合，可进行全球性地层对比，具有重要的科学意义。

1. 地层遗迹

遗产区内实测中志留统小溪组、中泥盆统云台观组、二叠系地层剖面共计 3 条，是研究遗产区内各套地层岩性的发育程度、接触关系、沉积厚度及沉积古地理环境的可靠的基础资料。

张家界林场 – 锣鼓塔小溪组剖面：该剖面全长 1280 米，地层总厚 480.13 米，岩性出露良好，构造简单，层序连续完整，顶底界接触关系清晰，化石丰富，在下伏地层秀山组顶部产标准化石牙形刺，对地层时代的确定具世界对比意义，此外还产丰富的三叶虫、腕足类、双壳类及痕迹化石等，是恢复当时的古地理沉积环境的有力证据。

锣鼓塔 – 黄狮寨中泥盆统云台观组剖面：剖面全长 900 米，地层出露完整，总厚 509.19 米，在该组地层底部采获节甲鱼类、双壳类化石及鳞木类化石及胴节内鱼化石，上部采获三叶虫胸节碎片及痕迹化石、鳞木等，中上部产腕足类化石与石燕，为中泥盆统标准化石，具全球对比意义。

索溪峪隧道口 – 索溪峪管理处二叠系剖面：该剖面全长 760 米，总厚 460.80 米，据区域资料，二叠系分为下统栖霞组和茅口组，上统吴家坪组和大隆组。在该套地层下伏地层黄家磴组顶部产痕迹化石和植物化石。在栖霞组地层下部产化石希瓦格蜓栖霞种、拟纺缍蜓、茅口组地层产牙形刺、新希瓦格蜓及楔叶木化石、上二叠统吴家坪组产牙形刺、喇叭蜓等标准化石，并在上覆地层大冶灰岩底部采集到标准化石王氏克氏哈，对研究该区古地理沉积环境及地球历史发展演化历史具重要意义。

2. 化石产地

天子山龟纹石化石产地：化石产于下二叠统的灰岩中，当珊瑚个体连生呈多角状复体时，所组成的花纹图案很象乌龟背上的花纹。这种被称为“龟纹石”的珊瑚集合体具有很高的科研价值和工艺美术价值。

3.3.3 生态系统的完整性和生物多样性

武陵源位于西部高原亚区与东部丘陵平原亚区的交界线边缘，东北接湖北西部直达神农架等地，西南联于黔东梵净山。各地动物相互渗透，物种丰富，特别是这里的地形复杂，坡陡沟深，加上气候温和，雨量丰沛，森林茂盛，给动物生存和繁衍创造了良好的环境条件，也为众多物种的生存、发育提供了条件。加之武陵源历史上长期以来交通不便，人口稀少，受人为干扰破坏少，从而保存了丰富的动植物资源，成为我国众多古老孑遗植物和珍稀动物的重要集中分布地区。[①]武陵源地区是《中国生物多样性国情研究报告》中我国大陆部分确定的 11 个生物多样性保护的关键地区之一，其生物多样性呈现出突出的特点。[②]武陵源保有的结构合理而又完整的生态系统，具有极其重要的科研和美学价值。

1. 丰富的动植物资源和珍稀物种

武陵源具有丰富的原生植物种质资源，保留了长江流域古生代植物群落的原始风貌。其古树名木具有“古”“大”“珍”“奇”“多”的特点，神堂湾、黑枞脑保存有完好的原始次生林。在众多的植物中，武陵松分布最广，数量最多，形态最奇，有“武陵源里三千峰，峰有十万八千松”之誉。武陵源遗产地内通过标本鉴别的 1300 余种植物种类中，木本植物有 94 科、252 属、600 种。遗产地内有国家一级保护树种，生长于腰子寨的著名的“活化石”珙桐（图 3-16），二级保护树种有钟萼木等 11 种，三级保护树种有黄杉等 16 种；楠木等经济用材 200 多种，天麻、白芍等药用植物 700 多种。还有白豆杉、伯乐树、香果树等均为珍稀树种。经初步调查，陆生脊椎动物共有 50 科 116 种，其中《国家重点保护动

① 中华人民共和国建设部：《武陵源申报世界自然遗产文本》，1991。

② 陈昌笃、李迪华：《湖南省武陵源地区的生物多样性和生态完整性》，《生态学报》2003 年 11 期。

物名单》中的一级保护动物有金钱豹等 3 种；二级保护动物有大鲵、猕猴等 10 种。武陵源动物世界中，较多的是猕猴（图 3-17）。

武陵源不仅生物种类多，而且生态类型复杂。仅就岩石性质及结构对生物的影响而论，在含钙的灰岩风化物上，形成黑色石灰土和黄色石灰土，呈中性至微酸性反应，生长耐旱、耐钙的植物，如山胡椒、曼桐等。

2. 区系成分复杂，华中成分占优势

武陵源植物区系属中国—日本区的华中植物区，是华中植物区的核心地带，与鄂西、川东、黔东北共同构成华中植物区的典型位置，与鄂西、川东、渝东南、黔东北共同构成华中植物地区的核心。据统计，木本植物与华中共有种达 340 多种，占到木本植物总数的 44.7%，有华中特征种 130 多个，占其总数的 38.2%（图 3-18）。

在动物地理上，武陵源地区属东洋界的华中区，处于华中区的西部高原亚区与东部丘陵平原亚区的交接地带。动物区系南北过渡，东西混杂的情况与植物相似。但动物以东洋界的种类为主体，有华南区系和西南区系的渗透。

图 3-16

武陵松与珙桐

图 3-17

武陵源野生猕猴

3. 区系起源古老

植物和动物区系的古老性是武陵源地区的又一突出特点。由于地史的原因，此地系第四纪冰川期的避难所，古老残遗植物保存甚多，尤其富有中国特有植物，是中国植物区系中最有代表性的自然遗产保存地之一。武陵源地形破碎，岭谷相间，相对高差大，坡向分异多，影响了光照水热条件的再分配。不同部位，土层厚薄，肥瘠也不一样，形成了极其复杂的多种多样的小生境，为古老植物提供了“避难所”，也为新物种的形成创造了条件。在古老孑遗种类方面，这里出现有中国特产的 4 个单种科，即银杏科、水青树科、杜仲科和伯乐树科（钟萼木科）的代表。这里还聚集分布了大量的古老特有属（包括属于上述 4 个古老科的属），如白豆杉属等。此外，有一些地方（如百丈峡、百户堂、茅门岩等地）分布有原始古老蕨类，如松叶蕨等。

图 3-18
武陵源世界遗产区优势树种分布图
韩锋等:《“05 总规”实施评估报告》（初稿），2019。

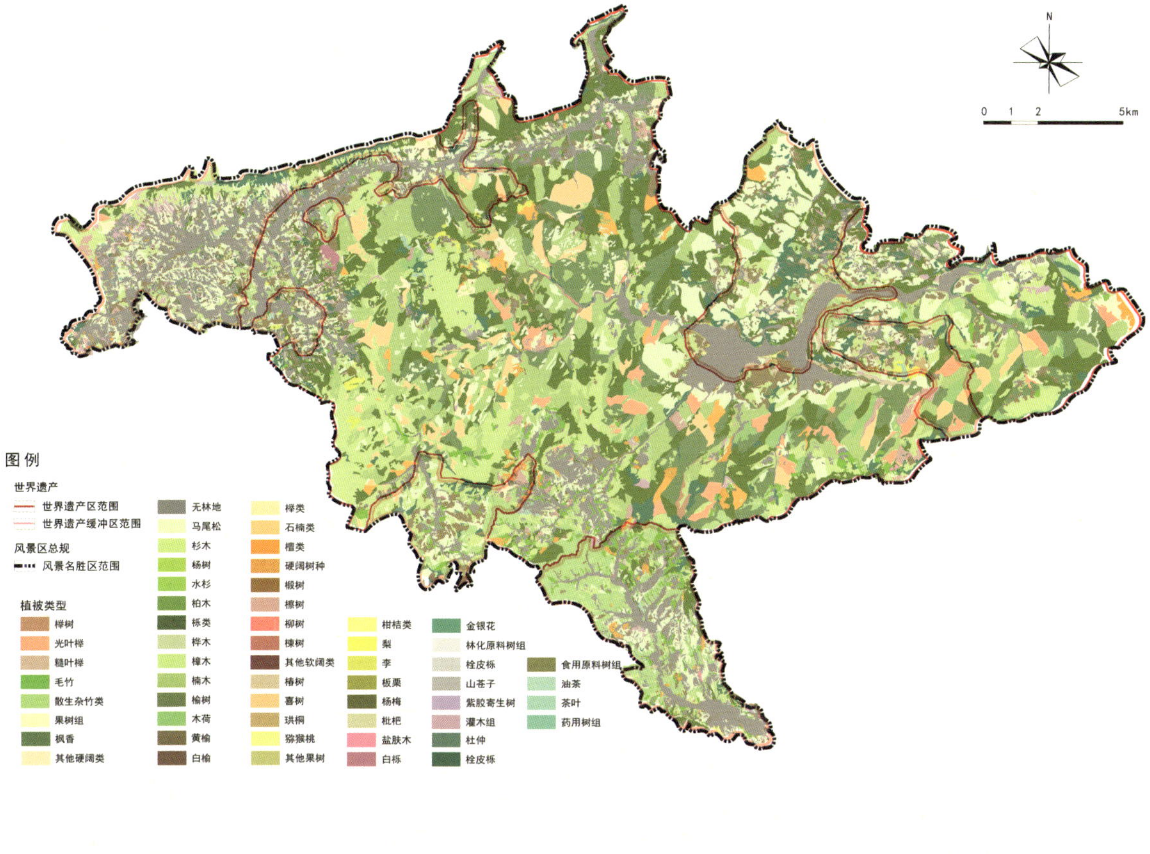

4. 地理过渡明显

武陵源地区居中亚热带北缘，地形是山区，最低处也在海拔 300 米以上，最高峰接近 2000 米。境内 1000 米以上的山峰有 300 余座，因而气候上明显从亚热带向温带过渡。使这里不仅分布大量热带 – 亚热带的生物种类，而且也分布大量暖温带 – 温带的种类。在大地形上，这里又是西南云贵高原山地向东部丘陵 – 平原过渡，这两方面的种类也在此交汇。地理过渡性通过基带植被、蕨类植物，以及脊椎动物和昆虫等的生长和分布中反映出来。

植物垂直分布明显，南北坡差异较大。由于光、热、水和土壤、岩性组成等均随海拔高度而变化，其生态环境在空间形成梯度，呈现出明显的植物垂直分布带，一般可分为三个植被带（图 3-19）。

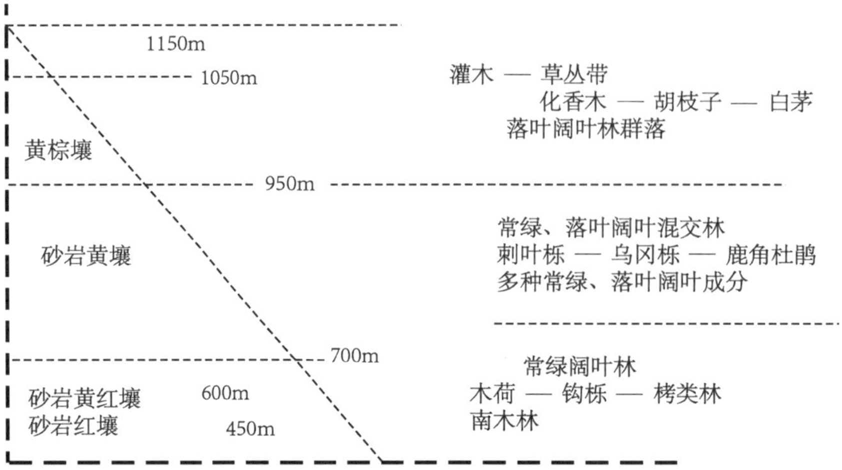

图 3-19

天子山森林植被垂直分布示意图（天子峰南坡）

中华人民共和国建设部:《武陵源申报世界自然遗产文本》, 1991。

煤线与卷柏

韩锋 摄

秘境争秋
吴廷雪 摄

武陵源世界遗产地现状调研与分析

价值观决定价值取向，对遗产价值的认定决定遗产保护的政策、行动与行为。联合国教科文组织 WH+ST 项目立足世界遗产 OUV 的保护，倡导各利益相关者共享价值、分担责任。然而，世界遗产地的价值往往具有国际、地区、国家和地方的多层次性和多样性，各利益相关者对遗产地价值以及世界遗产 OUV 的认知和认同存在差异，甚至存在冲突，是为世界遗产地保护与管理、可持续发展和社会发展协同问题的根源。武陵源试点示范项目对遗产地进行了深入的现场调研，着重研究：

(1) 与世界遗产地关系最为密切的游客、居民、旅游从业人员和行政管理人员四大利益相关者群体对武陵源遗产价值的认知状况，鉴别武陵源遗产价值的多层次性和多样性；

(2) 武陵源世界遗产地的遗产保护与管理、旅游管理与运营以及社区参与遗产保护与旅游发展状况；

(3) 各利益相关者对武陵源遗产地的价值认知对遗产保护与管理、旅游管理与运营以及社区参与遗产保护与旅游发展带来的影响，透视不同价值观与政策及行动、行为之间的相关性；

(4) 分析武陵源遗产价值认知和保护管理现状与教科文组织所认定的价值以及所倡导的遗产保护行动方面的差距，找出问题，提出改进提升和实施示范策略。

研究通过对武陵源遗产地现状进行调研与分析，从价值认知的根源上发现问题，鉴别武陵源自然遗产地在世界遗产保护和可持续旅游发展中的重大议题，为制定 WH+ST 试点项目策略并展开行动示范提供依据。

4.1 利益相关者对武陵源遗产价值的认知

现场调查研究选择与武陵源世界遗产地保护及旅游发展最为密切的四大利益相关者群体：游客、居民、旅游从业人员和行政管理人员，围绕对武陵源世界遗产 OUV 的认知，从遗产类型、价值载体、遗产范围、遗产保护以及认知渠道五方面展开问卷和访谈调研。有效回收游客问卷 216 份、社区居民问卷 170 份、旅游从业人员问卷 103 份、行政管理人员问卷 127 份。研究运用 SPSS 软件对有效问卷进行数据分析，结合文献阅读和座谈访谈，梳理出四大利益相关者对武陵源遗产地整体价值及核心价值的认知状况。

4.1.1 遗产类型认知

武陵源遗产资源丰富，拥有众多遗产保护地称号，其中知名度最高的有“UNESCO 世界自然遗产”“UNESCO 世界地质公园”“国家级风景名胜区”“国家 5A 级旅游景区”“国家级自然保护区”和“国家森林公园”六项称号。问卷调查加入了“世界文化遗产”“世界自然与文化双遗产”和“国家公园”三个干扰选项，通过了解利益相关者对武陵源遗产类型的认同，进一步判断各利益相关者对武陵源突出遗产价值的认知情况。

图 4-1
利益相关者对武陵源遗产保护地称号的认知

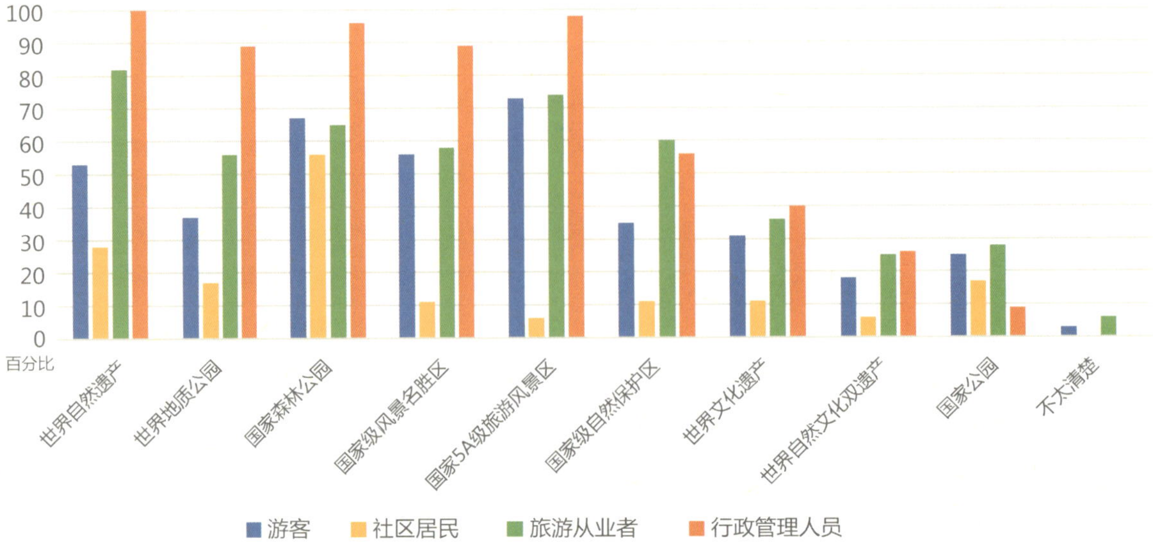

调研结果总体显示，“武陵源世界自然遗产”“世界地质公园”“国家森林公园”“国家级风景名胜区”“国家5A级旅游景区”称号的知晓度最高，但四大利益相关者对武陵源遗产类型的认知存在不同程度的差异。行政管理人员作为遗产地的管理者，对武陵源遗产地所拥有的保护地称号最为清楚，识别程度最高。其次，由于旅游目的地的营销、选择与称号之间具有直接的关联性，旅游从业者和游客对于遗产地的称号了解次之，认知准确率整体比较高。遗产地社区居民唯有对“森林公园”称号的认知超过了50%，对其他各类称号的认知程度都非常低，选择“世界自然遗产”的比例不到30%。社区居民普遍反映遗产地名头繁多，难以辨识。调查发现，四大利益相关者中有30.5%的游客、35.6%的旅游从业者、40%的行政管理人员认为武陵源是世界文化遗产，认为武陵源是世界自然与文化双遗产的也超过20%，说明武陵源虽为世界自然遗产，但各利益相关者对其文化价值有相当程度的认同，并认为其具有国家代表性（图4-1）。

在进一步对遗产地具体价值类型认知调查中发现，虽然武陵源遗产地的国际遗产称号多因其自然价值而获得，但四大利益相关者对于武陵源遗产价值认知却集中于历史文化价值和美学价值（图4-2）。其中，旅游从业者和游客对武陵源历史文化感知最强烈。各群体对武陵源的美学欣赏价值有高度一致的认同，但行政管理人员对武陵源历史文化价值的认知和认同，远低于其他三个利益相关者群体，其中的原因值得深思。如果管理者对遗产地的价值认同与其他利益团体存在重大差异，则其遗产地保护管理政策必将与其他利益相关者群体产生冲突。

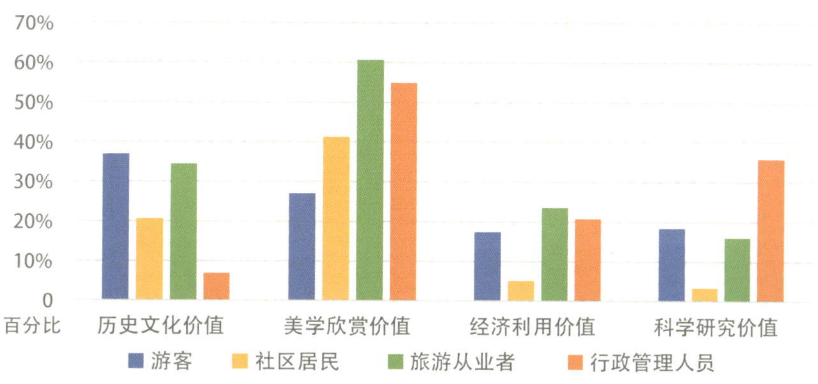

图 4-2
利益相关者对武陵源价值的认知

另一发现是社区居民对遗产资源的经济利用以及科学研究价值的认知程度很低，只有 10% 左右，说明社区对自身管理和利用自然资源的传统智慧没有深刻认识，对自然资源价值缺乏科学理解，对基于保护的资源可持续利用缺乏认识的途径。尤其需要关注的是，虽然武陵源杰出的美学价值来自独特的地质地貌和丰富的生物多样性及生态景观，但三大利益相关者对武陵源科学价值的关注却为四个选项中最低。这与前项调查中各群体对地质地貌和美学价值的关注看似矛盾，但实质是利益相关者对地质地貌风景美的认同更多地基于文化认知而不是科学认知。后续调查也显示，武陵源遗产地对自然科学价值认识的缺失，很大程度上影响了武陵源自然资源及其价值的保护、管理和解说传播。

4.1.2　价值载体的认知

遗产保护要求以遗产价值保护为核心目标，以承载遗产价值的资源载体为保护、解说和展示对象。武陵源世界遗产具有突出普遍的审美价值以及潜在的生物多样性价值，其完整的地貌发育过程、地质史 / 地质类型、水文系统，以及完整的生态系统，是其价值的承载和展示对象。现场访谈发现，与其他世界遗产地相似，对于“突出普遍价值”及其“价值载体”这些世界遗产概念，无论是武陵源遗产地游客、居民，还是旅游从业人员和多数行政管理人员，均不了解其清晰释义或具体含义，只有个别与世界遗产保护直接相关的行政管理人员对其理解较为清晰。因此，问卷设计采用反向调查方法，就武陵源遗产地最重要的地质地貌峰林景观、遗迹化石、自然生态景观、水景生物资源等自然遗产价值载体，以及传统村寨、独特民俗文化遗产价值载体，询问各利益相关者的关注重点，借此了解各利益相关者对武陵源遗产价值及其载体的认知程度。

调研结果显示，“地质地貌景观”是各利益相关者都高度认同的独特遗产价值，“动植物资源”次之。各群体对遗迹化石的认知最低，尚未能够从地质地貌演进史的角度来理解武陵源的地质地貌遗迹景观。值得关注的是，并未纳入武陵源世界遗产 OUV 及其载体的传统村寨民俗，也受到较大的认可，尤其是旅游从业者和游客，其对于传统村寨民俗文化价值的认同比例与自然生态价值持平，远高于行政管理人员和社区居民。结合前项调查结果和访谈，再次显示行政管理人员对于遗产地文化价值的认同较低。村民对武陵源的文化价值有独特的认知，对自身历史和文化感到骄傲的占 44.4%，但是对传统文化和村寨价值认同的只有 19.4%，反映了村民一方面为自己的历史和文化感到自豪，但同时对自身文化在武陵源自然遗产地的价值体现缺乏信心并认知不足。反而是在旅游市场上，由于地区的文化差异性，游客能够明显地感知武陵源遗产地独特的土家族风情及其文化景观。这一现象反映了国际、国内市场以及遗产地内部对遗产地价值的认知差异，以及各群体对武陵源自然和文化价值属性判断的差异性（图 4-3）。

项目组进一步调查了社区居民、旅游从业人员和游客对旅游景点的偏好。结果显示，居民最愿意推荐给他人的景点，包括“御笔峰”“神兵聚会”“水绕四门”“金鞭溪”和“黄龙洞”这些武陵源世界自然遗产的核心价值载体景点，文化类景点如“大庸古城”“空中田园”等也被不少受访居民推荐（图 4-4）。调查发现，武陵源虽然是世界自然遗产地，但旅游解说的内容，却以历史和民俗文化价值为主，地质风貌特点次之，世界

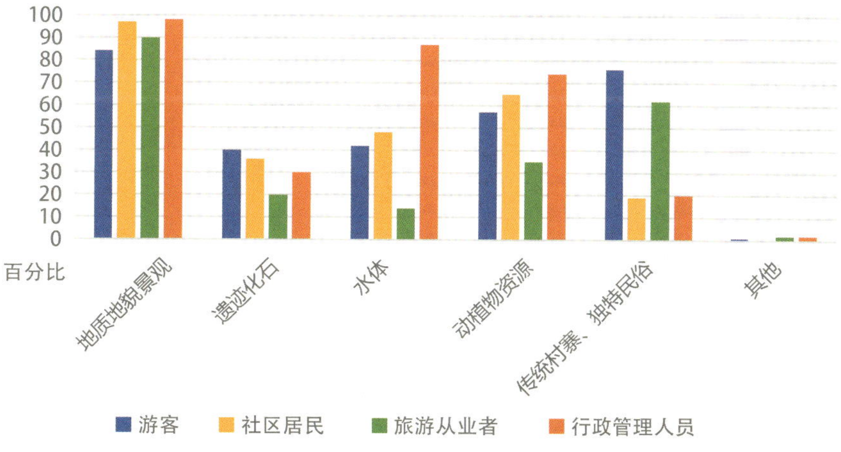

图 4-3
利益相关者对武陵源遗产价值载体的认知

遗产解说仅占 24.5%（图 4-5）。对游客体验满意度的调查结果显示，游客对民族风情和历史感的满意度仅次于武陵源杰出的自然风景体验（图 4-6）。调查结果一方面说明武陵源具有不容忽视的历史和民俗文化价值，另一方面反映出各群体对武陵源世界自然遗产 OUV 的认知不足，武陵源世界自然遗产、世界地质公园、自然保护区等具有的突出自然价值没有得到充分的认识和传播。

4.1.3　遗产范围认知

武陵源风景名胜区因其突出的资源价值而拥有世界遗产金字招牌。但在现场调研中发现，虽然行政管理人员、旅游从业者和社区居民对于武陵源世界自然遗产的范围及其重要遗产资源载体的总体认知比较清晰，但游客对此认识模糊。武陵源风景名胜区世界遗产地之外的天门山、张家界大峡谷及其玻璃栈道，反而是游客心目中最能代表武陵源价值的景点（图 4-7），这种认知极大地损害了对于世界遗产真正价值的解说和传播，也引发了世界遗产价值保护的误区。

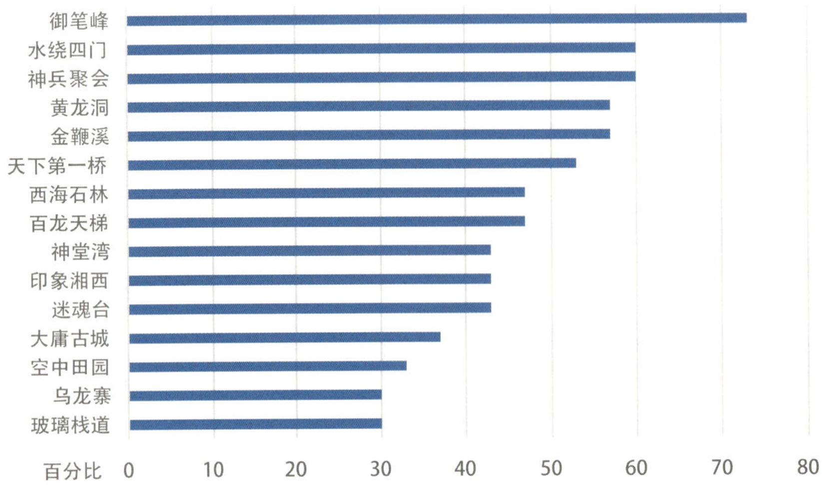

图 4-4
居民向游客推荐景点的被提及频率

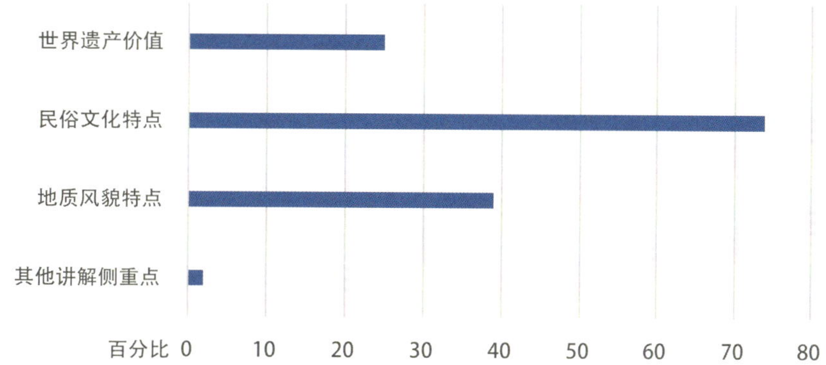

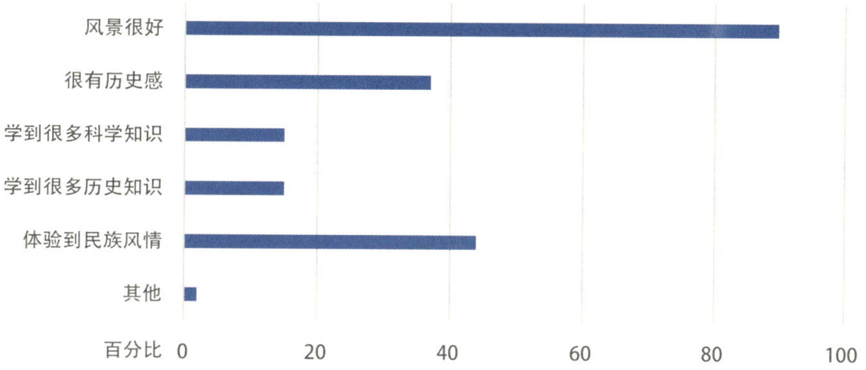

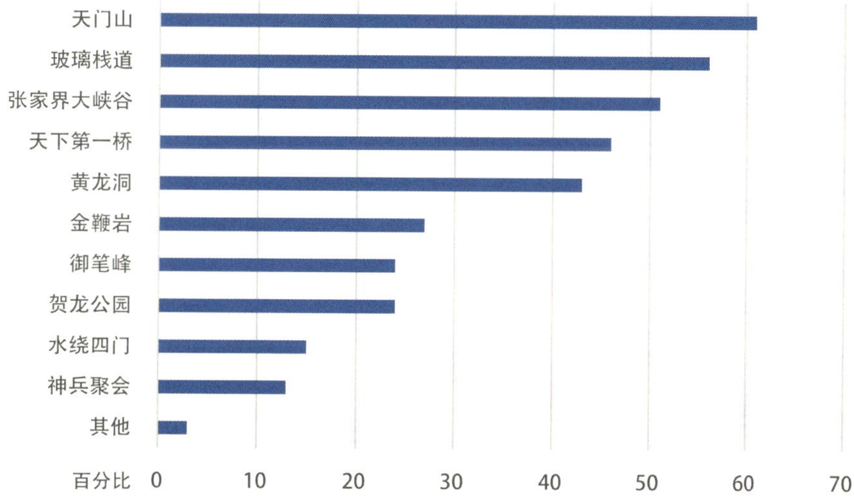

图 4-5
旅游解说侧重点

图 4-6
游客旅游满意度

图 4-7
游客心目中武陵源世界遗产地的代表性景点

通过访谈得知，包括行政管理人员在内的各利益相关者，对于武陵源世界自然遗产的遗产区（World Heritage property）和缓冲区（buffer zone）这两个关键边界范围的认知普遍不清晰。当地比较熟知的“核心景区”和“缓冲区”来自《武陵源风景名胜区总体规划（2005—2020）》（简称“05 总规”），与武陵源世界遗产的“遗产区”和“缓冲区”在边界上存在重大出入。甚至有近三分之一的受访行政管理人员认为武陵源世界遗产只包括“核心景区”（图 4-8），极大地损害了对遗产价值完整性的理解。

在后续调查中可以看到，对于武陵源世界遗产边界认知的偏差，造成了对世界遗产核心价值认知、完整性保护以及保护管理政策的极大偏差和困扰。

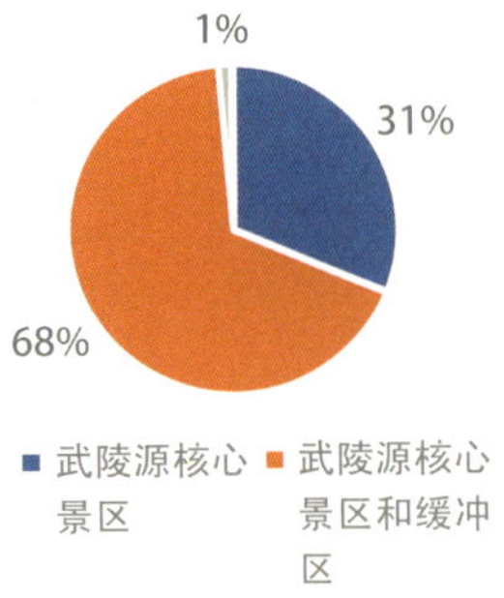

图 4-8

行政管理人员对武陵源世界自然遗产范围的认知

4.1.4 遗产保护认知

项目组以问卷和访谈相结合的方式，了解各利益相关者对武陵源世界遗产保护的价值对象、保护措施和方法的认知和认同状况，特别关注了武陵源遗产地内争议较大的索道、天梯和社区对遗产价值的影响问题。

1. 遗产保护对象

各利益相关者对武陵源遗产保护对象的认知与其对武陵源遗产价值的认知完全吻合，均对其关注的价值对象给予了优先保护，进一步证实了价值观决定保护态度和行动。各利益相关者对于武陵源峰林景观及其自然生态环境的重视普遍很高。但可以看到，传统村寨及民俗在行政管理者中受重视程度较低，行政管理者在该方面与其他三个利益相关者群体有较大的差异（图 4-9）。

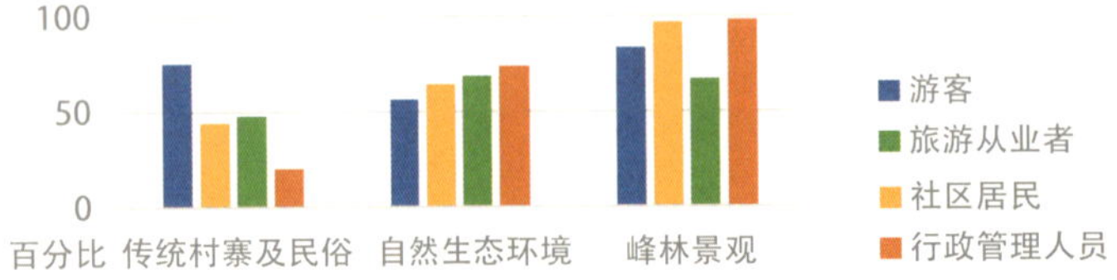

图 4-9

利益相关者对优先保护对象的认知

2. 索道、天梯设施对遗产价值的影响

在对遗产地的设施建设调查中，各利益相关者普遍认同应加强遗产地的自然环境保护、加强环境污染治理、适度控制旅游人数以及提高旅游体验质量。社区居民对环境治理的要求非常迫切，尤其是对生活污水的处理和排放，希望进一步提升生活质量并满足环境保护的要求。

旅游设施建设应当不损害世界遗产 OUV。武陵源遗产地的大型旅游设施，尤其是大型索道和电梯的建设，一直以来受到 UNESCO 的关注与批评。各利益相关者也对此给予了高度关注，但由于对设施的使用和依赖程度不同，看法也不一致。虽然意识到这些设施可能对动植物栖息地、生物多样性及视觉景观造成影响，但普遍认为其影响有限，而且它们在当前遗产地交通和观光中不可或缺。村民对索道及百龙电梯的使用主要是作为出入村居的交通工具。行政管理者中，有近半数持赞同态度，普遍可以接受其视觉影响，对其生态影响多凭主观感受，缺乏科学评判。多数游客表示这是他们最喜欢的游览方式（图 4-10），这一认知对遗产地大型旅游设施的控制是一个挑战。调查显示，需要加强对大型设施建设所造成的美学及生态环境影响的评估研究，尤其需要评估它们对高质量游憩体验所造成的影响。

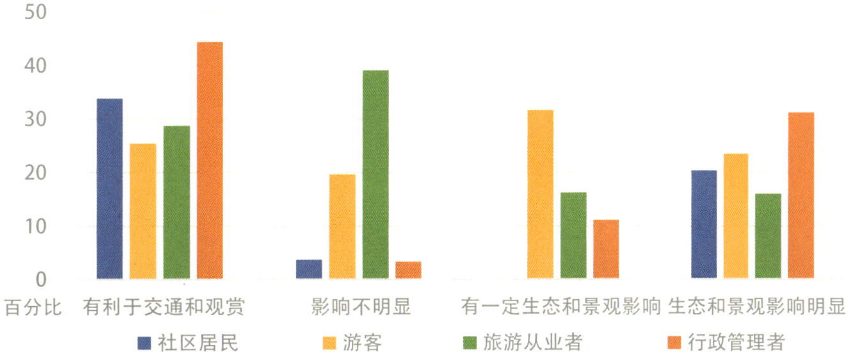

图 4-10
利益相关者对索道、电梯设施对遗产价值影响的认知

3. 社区生活对遗产价值的影响

武陵源遗产地社区是武陵源土家族等多民族文化的承载者，以及遗产地小聚落乡村景观的创造者。以土家族为主的村落及其民族风俗在国内遗产地旅游中享有一定的声誉。在价值认知的调查中也充分显示出客源市场对武陵源多民族文化的认同和社区居民对自身文化的自豪感。由于武陵源社区居民搬迁、控制与发展，一直是武陵源遗产地的重点议题，问卷与访谈对此作了重点关注。（图 4-11）

问卷结合访谈调查的结果显示，各利益相关者总体上认为遗产地社区居民对武陵源遗产地价值有贡献，是武陵源遗产价值的组成部分，需要进行保护。部分行政管理者认为居民的日常生活是武陵源世界遗产的一部分，居民可以照看森林，参与森林防火，对遗产保护有利。部分旅游从业人员和游客希望遗产地中有居民居住，表示居民是文化的载体及传承者，可以通过居民更加了解当地的习惯和习俗，希望尊重居民本身及其居住地，保持景区内原生态民居风貌。居民更多认为他们世居武陵源，武陵源是自己的故土和家园。各利益相关者都较为关注社区居住的环境污染。社区居民大多坚持居住在遗产地内，但意识到目前的居住状态造成了多种污染，强烈呼吁改善环境设施。游客受旅游从业者的影响较大，虽然对武陵源的民俗文化情有独钟，但由于文化观光的内容多来自于旅

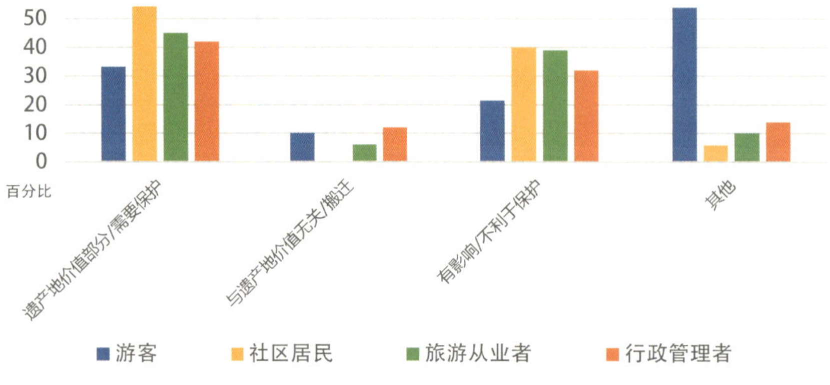

图 4-11
利益相关者对社区居民对遗产价值影响的认知

游从业者提供的商业化文化产品，对在地的社区文化并无特别的感受，因此有一半游客表示并不关注遗产地内是否有社区居民的存在。调查表明，即使武陵源的民俗文化受到热捧，但是社区居民的参与度并不高。行政管理人员在前期调查中对社区文化价值并不持肯定态度，但在涉及遗产地管理和搬迁时，考虑到遗产地居民在森林防火等方面参与的工作，以及搬迁工作的实际困难等因素，回答略有改变，仅少数主张搬迁。调查中发现的行政管理人员对社区居民对遗产保护贡献的肯定，对于后续WH+ST项目与社区的协同是一个良性认知基础。

4.1.5 遗产价值认知渠道

对游客、旅游从业者和行政管理人员三类利益相关者进行的遗产价值认知渠道统计显示，网络新媒体逐渐取代报刊杂志等传统媒体，成为新时代遗产价值传播的主体渠道（图 4-12）。景区宣传牌与导游解说是遗产地现场价值传播的主要工具。通过工作单位培训和学习则是行政管理人员和旅游从业者获得遗产价值认知的重要渠道。但遗憾的是，遗产地社区居民几乎无缘任何遗产学习和培训的机会，对遗产价值的认知多凭感性的认识和积累的经验。调查还发现，即使是自称受过培训和学习过的利益相关者，对世界遗产的重要概念如 OUV，以及武陵源的重要价值，也是模糊不清的。因此，亟需建立权威的官方武陵源遗产地网站，组织遗产地能力建设培训，宣贯世界遗产，传播武陵源世界遗产及其他的自然和文化价值，提高遗产地能力。

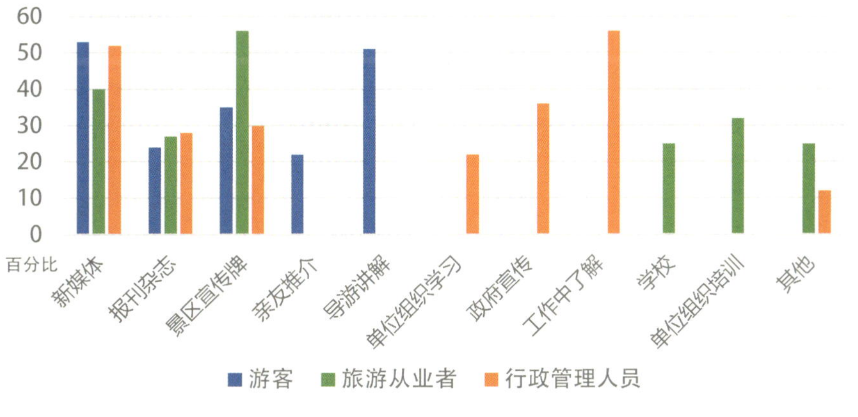

图 4-12
武陵源世界遗产价值认知渠道

4.2 基于价值认知差异性的武陵源世界遗产地保护与管理现况

武陵源风景名胜区是武陵源世界自然遗产和武陵源世界地质公园的主体单元，张家界武陵源区人民政府（武陵源风景名胜区管理局）是武陵源世界自然遗产和武陵源世界地质公园保护的法人单位。地方政府肩负着制定遗产地各项保护、管理与发展政策，应对遗产地在社会经济发展过程中不断出现的新问题、新挑战的重任。他们对遗产地的价值认知和取向，决定着遗产地规划与管理政策的方向及实施举措。项目组对武陵源保护与管理的历史沿革进行了梳理，结合对各行政管理部门的问卷和访谈调研，分析研究武陵源世界遗产地保护与管理的现状及症结问题，从遗产价值认知根源上找寻矛盾焦点，鉴别 WH+ST 实施的重大议题，以进行实施示范。

4.2.1 遗产地保护管理历史沿革

武陵源区行政建置历经变迁，秦代属黔中郡，是湖南省境内第一个行政区（比长沙还早）。汉代属武陵郡充县，三国时属吴国天门郡，南北朝时属崇文县（今永定区、武陵源区、桑植县归其所辖）。隋、唐、宋、元、诸代属澧州郡、澧州路，后改为澧阳府。明时属大庸卫、九溪卫，清时分属宜昌府、永顺府。民国时期先属武陵道，后分属湖南省第二、第四、第八行政督察区。因地处湘西北崇山峻岭中，历史上交通极其不便，被外界视为“赤县之奥区”（《直隶澧州志》语），外人很少进入此地，故武陵源不见于经史名篇。清朝末年及民国年间，武陵源附近一带曾累遭兵燹、匪祸、灾荒，而景区内沟壑纵横，峡谷幽深，石峰峭兀云天，空气潮润欲滴，山水林禽兽同生共存，为外界躲避乱世之良地。因此，从其发展历史来看，武陵源具有典型的中国国情，武陵源为自然庇护之地，而非境外荒野之地。

中华人民共和国成立以后，武陵源隶属慈利、大庸、桑植三县分管。三个县人民政府均注重对这个地区的资源保护工作，建立管理机构，配备设施和人员，封山育林，开山造林，积极地保护这块神奇的土地。1979 年，国务院决定将自然风景区作为一个独立的行业管理以后，张家界、索溪峪、天子山都建立了管理机构，负责资源保护和开发建设管理工作。在之后近 40 年的时间里，武陵源的保护和管理从无到有，再到摘取世界遗产桂冠，取得了令人瞩目的成就。其保护与发展过程大致可分为四个阶段。四个阶段的发展特征突出体现了遗产价值观的转变给武陵源保护与发展所带来的影响。

第一阶段（1979 年至 1990 年）：武陵源保护进入国家保护体系，取得实质性发展。1982 年，经中华人民共和国国务院批准，张家界林场被正式命名为“张家界国家森林公园”，成为中国第一个国家森林公园。1985 年，湖南省人民政府成立了武陵源风景名胜区管理办公室。经中华人民共和国国务院审定武陵源为国家重点风景名胜区，批准设立省辖大庸市（即张家界市的前身），建立武陵源区人民政府（武陵源风景名胜区管理局）负责具体工作，加强对风景名胜区的保护、建设和管理。1988 年，由同济大学编制《武陵源风景名胜区总体规划》（“90 总规”），1990 年获国务院批复实施。从此，武陵源区人民政府以“90 总规”为准绳，展开长期而卓有成效的武陵源保护和利用工作。

第二阶段（1991 年至 1998 年）：武陵源申遗成功，遗产保护与旅游发展的矛盾日益尖锐。1991 年，中国政府以“武陵源风景名胜区”为保护单位，以“90 总规”为实施管理工作的指导性文件，申报世界遗产。1992 年 12 月，UNESCO 世界遗产委员会第 15 届会议批准“武陵源风景名胜区”列入《世界遗产名录》，武陵源成为中国首批三个自然遗产地之一。此后，武陵源遗产地知名度日益上升，成为炙手可热的旅游目的地，但遗产保护与旅游发展的矛盾日渐尖锐，旅游设施过度运行，对遗产地的美学品质产生了严重影响，导致 1998 年被世界遗产委员会“黄牌警告”。

第三阶段（1999 年至 2016 年）：实施全面综合治理、回归资源保护，接受国际批评和监测，履行遗产保护职责。1999 年启动景区房屋“世纪大拆迁”，通过遗产地核心景区生态移民和开发缓冲区康体生态旅游，实现景区扩容；启用备用景区，实行景区景点轮休；以及实施了“封、造、管、节、拆”五大遗产保护工程，艰难应对因保护遗产搬迁社区所带来的一系列社会问题。2001 年 1 月 1 日，湖南省人大常委会颁布实施《武陵源世界自然遗产保护条例》，这是我国第一部保护世界自然遗产的地方性法规。2004 年武陵源国家地质公园申报 UNESCO 世界地质公园成功。2005 年，完成并开始实施“05 总规”至今。但遗产保护与旅游发展等矛盾仍然突出，2014 年被 IUCN 优先列入“重点关注”世界自然遗产。

第四阶段（2017 年至今）：武陵源进入主动对接国际前沿，提升能力建设，立足国情，走向国际的新时代。以 UNESCO 的 WH+ST 试点为契机，武陵源遗产地主动加入国际试点项目。结合“05 总规”评估，全面评估遗产地存在的问题，积极推进国家保护地体系体制改革，实施“多规合一”，在国际前沿探索中国世界自然遗产地保护与可持续发展路径。

4.2.2 遗产地保护管理目标的认知

项目组就武陵源世界遗产地保护管理目标对行政管理人员进行了问卷调研。绝大部分行政管理人员认为首要是保护自然生态环境，然后依次为保护代表性的景观、促进旅游与经济发展和改善当地居民生活（图 4-13）。前述价值认知调查已显示，行政管理人员对世界遗产 OUV 各方面的认知准确率均高于其他利益相关者。尽管对于保护管理目标的认知从世界遗产 OUV 保护的角度看存在偏差，但也表明行政管理人员对借助世界遗产保护和管理来改善民生、发展地方经济有责任感和迫切希望。

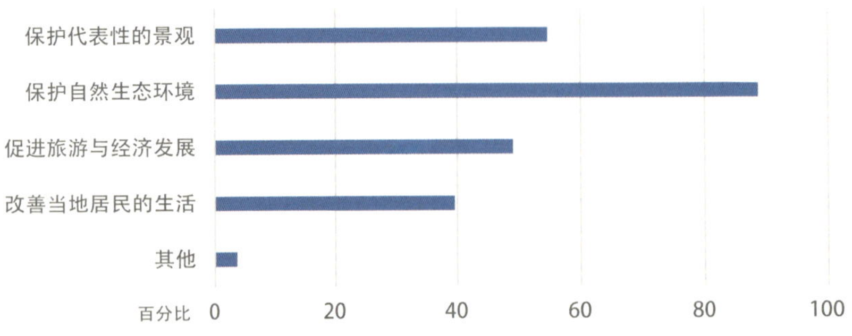

图 4-13
行政管理人员对遗产地保护管理目标的认知

4.2.3 遗产地保护管理体系

武陵源遗产地在资源保护与发展历程中，逐步由单一资源保护发展到综合性资源保护，再发展到对突出资源价值的保护，形成了由森林资源、风景名胜资源、世界遗产资源、地质资源、珍稀濒危野生动植物资源构成的遗产地资源价值体系及其对应的资源保护管理体系。在这个过程中，对武陵源世界遗产价值的认知从零星、片面到整体、系统，保护管理体系也不断得到发展，以应对中国遗产地复杂的自然和社会复合系统，但也呈现出观念性和结构性的问题。

1. 差异性资源价值导向与遗产地保护管理体系

自2015年管理体系改革至2019年2月，武陵源遗产地保护地体系由世界遗产、风景名胜区、地质公园、森林公园和自然保护区等保护地类型构成，由区委、区政府统一管理（表4-1），多种保护地类型和保护管理体系长期并行运作。保护的资源价值具有显见的国际和国家价值层次性，以及自然和文化价值多样性的特征。在2019年2月开始的新一轮管理体系改革中，武陵源各类保护地的保护管理职责统一归并到区政府林业局。

2. 管理政策与法规体系

武陵源遗产地各管理部门执行从国际到地方不同层面、不同类别保护地的相关管理政策与法规（表4-2），各保护地体系的政策、法规之间都有矛盾和冲突，缺乏横向联系和协调，不利于遗产资源的统筹保护。

4.2.4 遗产地保护管理体制

武陵源遗产地保护管理体制集中反映了以部门设置、以资源分类、以行政区划分的旧体制通病。问卷及访谈调查发现，各行政管理部门对武陵源遗产价值认知不一，各类保护地管理部门繁多，保护对象各异，对遗

表 4-1 武陵源遗产地保护地类型及其管理体系

保护地类型	管理目标	管理资源特征	管理组织结构		
			2015—2019 年		2019 年至今
世界遗产	保护世界自然遗产的真实性和完整性；实现世界自然遗产的可持续利用	石英砂岩峰林；岩柱岩峰与其他地貌； 反映地带性潮湿温暖气候的繁茂阔叶林； 罕见的自然美现象	区委、区政府统一管理全遗产地；区人民政府和张管局*共同对市人民政府负责，主要领导由市委任免	区政府遗产办统筹协调全区遗产保护工作； 张管局承担日常保护和管理	区政府林业局
风景名胜区	落实风景名胜区规划；提升风景名胜的保护利用水平；推动武陵源风景名胜区生态文明建设事业发展	自然资源：气象、地质、水文、生物； 人文资源：建筑、名胜古迹、社会文化		张管局承担日常管理；张管局下属的资源保护科主要管辖核心区；区政府直管八个景区管委会	
森林公园	合理开发利用森林国内公园旅游资源；实现森林公园的可持续发展，促进生态、自然及社会经济的全面和谐发展	森林资源		张管局承担日常管理；张管局下属的法制协风景名胜科具体负责管理；林业局负责全区的林业部分（业务方面），以及一些国有林场	
地质公园	保护地质遗迹的自然性和完整性	地质遗迹		张管局承担日常管理；国土局地质办负责建设保护	
自然保护区	保护具有特殊价值的自然和文化遗产	动植物资源		张管局承担日常管理	

* 张家界武陵源风景名胜区和国家森林公园管理局

表 4-2 武陵源遗产地各类保护地的相关管理政策及法规体系*

保护地类型	国际层面的政策、法规	国家层面的政策、法规	湖南省的政策、法规	张家界市的政策、法规	武陵源区有关政策、法规
世界自然遗产 国家级重点风景名胜区	《世界遗产公约》《实施〈世界遗产公约〉操作指南》	《中华人民共和国宪法》《中华人民共和国环境保护法》《中华人民共和国城乡规划法》《风景名胜区管理条例》《风景名胜区管理条例实施办法》《风景名胜区规划规范》	《湖南省武陵源世界自然遗产保护条例》	《张家界市落实世界遗产委员会第39届会议决议工作方案》	《武陵源国家重点风景名胜区总体规划（2005—2020）》
世界地质公园	《世界地质公园网络工作指南和标准》	《地质遗迹保护管理规定》《国家地质公园建设标准》《国家地质公园资格验收标准》	《湖南省地质环境保护条例》		《张家界世界地质公园地质遗迹保护规划（2011—2020）》
国家级森林公园		《中华人民共和国森林法》《国家级森林公园管理办法》《中华人民共和国林业行业标准 - 森林公园总体设计规范》	《湖南省森林公园管理条例》		《湖南张家界国家森林公园总体规划（2009—2020）》《武陵源区林地保护利用规划》
自然保护区		《中华人民共和国自然保护区条例》《中华人民共和国野生动物保护法》《中华人民共和国陆生野生动物保护实施条例》	《湖南省武陵源世界自然遗产保护条例》		
国家级5A级景区		《旅游景区质量等级管理办法》《旅游景区质量等级评定与划分》			《武陵源区“十三五”旅游发展规划（2016—2020）》《武陵源区旅游产业发展总体规划（2007—2020）》

* 韩锋等:《“05总规”实施评估报告》(初稿)，2019。

产地管理缺乏价值共识以及“多规合一”的管控，造成资源保护的机构职责冲突、边界冲突和多头管理。

为保护武陵源世界遗产，进一步理顺遗产保护与社会协调发展的关系和机制，武陵源持续进行机构改革。在2015年的管理体制改革中，区政府与“张家界武陵源风景名胜区和国家森林公园管理局”（简称“张管局”）形成“两块牌子，一套人马”，集遗产保护、景区管理和旅游管理等职能于一体，共同管理风景名胜区与世界遗产地。2019年2月，武陵源区政府根据国家自然资源部的工作部署，颁发文件，将世界遗产和风景名胜区的行政管理职能调整归口到区政府林业局，林业局加挂“武陵源风景名胜区和世界自然遗产管理办公室”牌子。但由于目前实际操作中林业局还未履职，原来管理武陵源世界遗产和风景名胜区的相关部门，如张管局、八个景区管委会等，仍保留着现有机构和维持着现状管理（图4-14）。

1. 遗产地管理机构的职能、职责及管理范围

2015年管理体制改革至今，武陵源区政府和张管局的行政管理、资源监管及利用等职责覆盖武陵源全区；原张管局下设的8个景区管理委员会由区政府直管（人事、财政等）。区政府各部门全面负责风景名胜区资源、环境、保护与利用、规划建设等管理，拟定配套的管理法规和政策；张管局的主要职责包括承担世界自然遗产、风景名胜区、森林公园、自然保护区、地质公园的日常保护和管理工作，资源有偿使用费征收的具体工作，牵头负责景区执法中的具体事务性工作，景区资源开发利用中的日常管理、监督、维护等工作，旅游宣传促销和旅游市场开拓的有关工作，以及承办市委、市政府和武陵源区委、区人民政府交办的其他事项。但在实际管理工作中，由于区政府没有具体部门能够协调8个景区管理委员会的业务工作，而是由区长直接协调，所以核心区内（5个门票站内的范围），包括森林公园，现在主要由张管局实施管理。武陵源遗产地主要管理机构管理范围边界如图4-15所示。

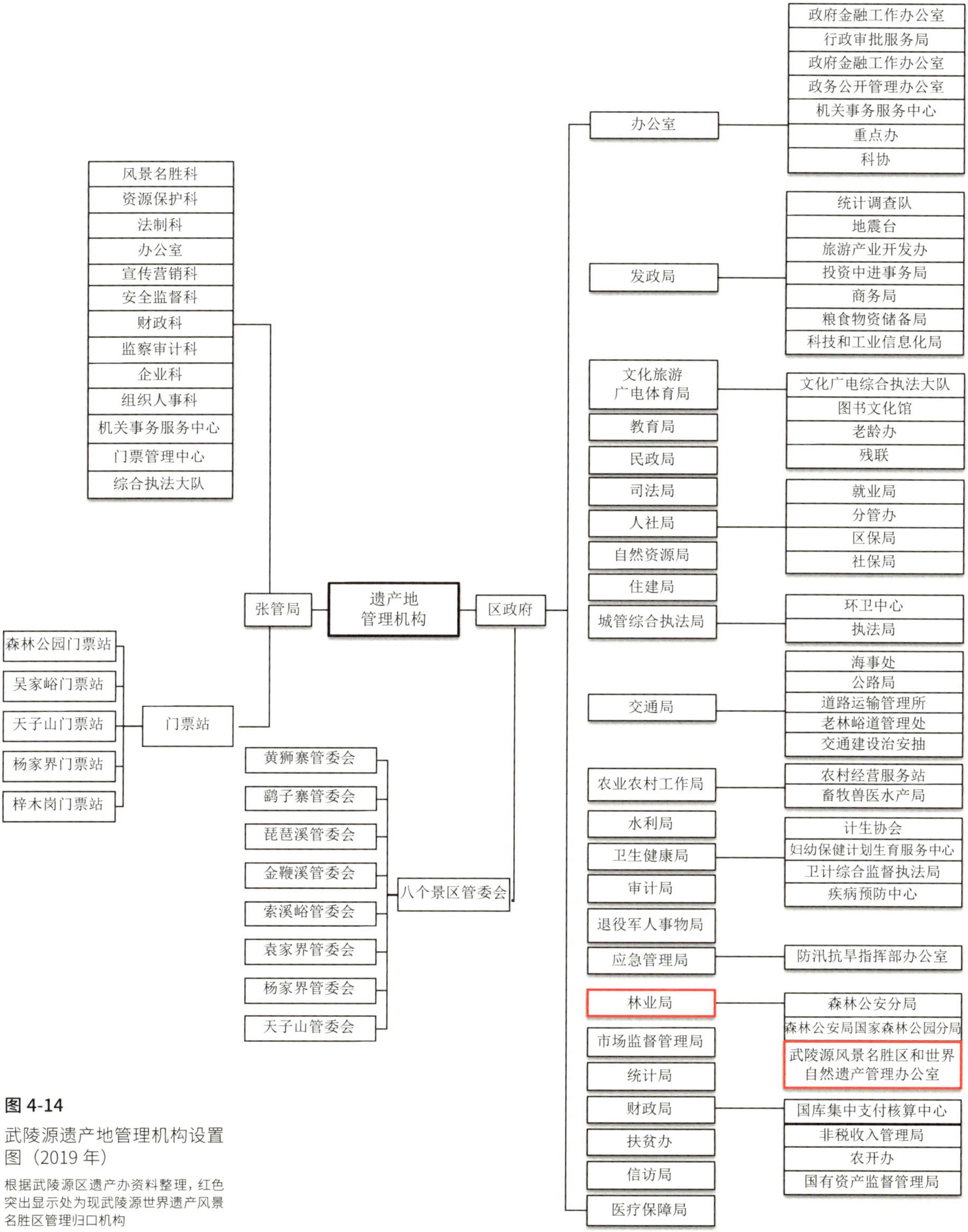

图 4-14

武陵源遗产地管理机构设置图（2019 年）

根据武陵源区遗产办资料整理，红色突出显示处为现武陵源世界遗产风景名胜区管理归口机构

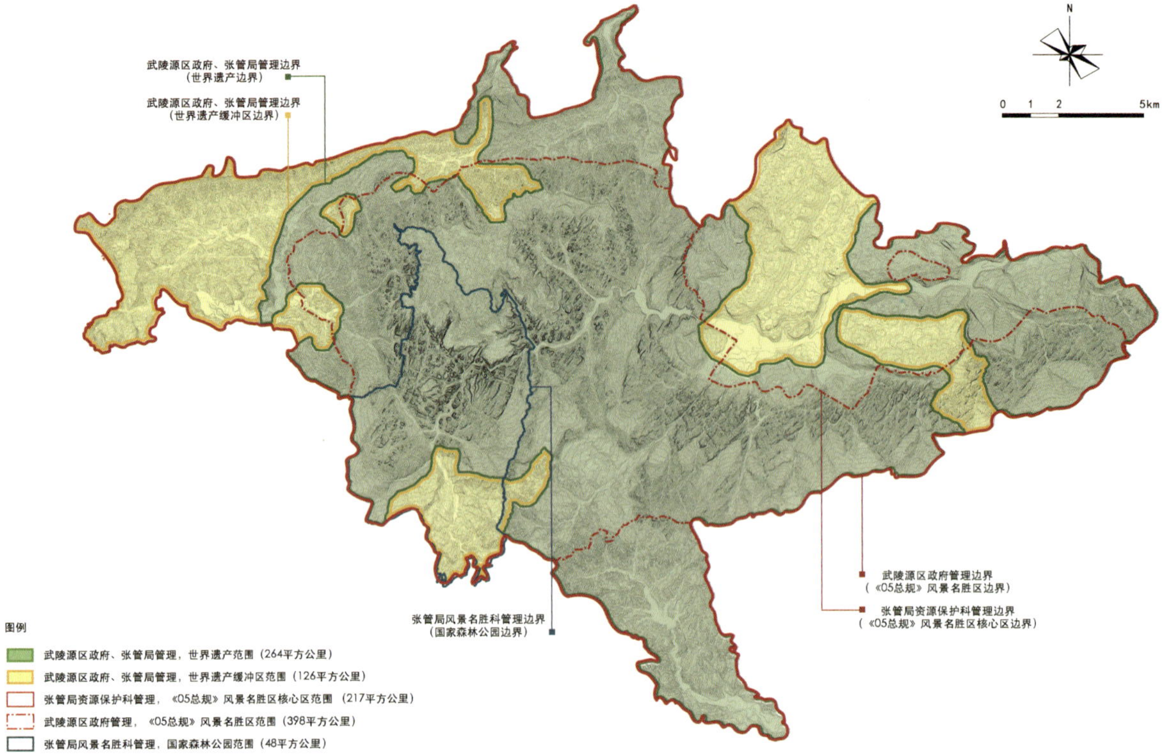

图 4-15

武陵源遗产地主要管理机构管理范围边界

韩锋等:《“05 总规”实施评估报告》(初稿)，2019。

2. 自然遗产 OUV 及其载体的保护管理机构

2015 年管理体制改革后，武陵源世界自然遗产 OUV 载体的管理机构为区政府、张管局下设及内设的多个机构；2019 年 2 月后，地质、地貌景观类价值载体归口到区政府林业局管理，生物多样性类价值载体仍由区林业局、区农业局、区畜牧水产局、区水利局共同管理（表 4-3）。

4.2.5 遗产地保护管理与发展规划

规划是遗产地保护与发展的法定纲领性文件。对于遗产地价值及其资源保护、社会的可持续发展具有重大的指导意义。“05 总规”本应起到统领武陵源风景名胜区和遗产地保护管理、协同各项社会事业发展的作

表 4-3 武陵源世界自然遗产 OUV 载体的相关保护管理机构

OUV 载体		管理机构	
		2015—2019 年	2019 年至今
突出的地质、地貌景观	3000 多座多数高于 200 米的石英砂岩峰林、岩柱岩峰，两座天然形成的巨大天生桥和 40 多个溶洞及溶洞沉积物和其他地貌（沟壑、瀑布、池塘）	区国土资源局（地质公园办）、区政府直管的 8 个景区管委会、张管局（资源保护科、法制协风景名胜区科）	区林业局
突出的生物多样性	常绿阔叶林（海拔 700 米以下）；常绿落叶阔叶混交林（海拔 700 ~ 950 米）和针叶阔叶混交林灌木林和草甸（海拔 950 米以上）； 3000 种高等植物，热带 / 亚热带和温带树种，包括 9 种稀有种和 3 种易危种； 50 科 116 种脊椎动物，包括 12 种两栖类、17 种爬行类、53 种鸟类和 34 种哺乳动物类；包括中国大鲵、豹、亚洲黑熊、云豹和中国水鹿等全球濒危物种	张管局（资源保护科）、区政府直管的 8 个景区管委会、区林业局、区农业局、区畜牧水产局、区水利局	区林业局、区农业局、区畜牧水产局、区水利局

用，但调研结果显示，由于规划本身在“多规合一”及落地性方面存在问题，其实施主体的地位并不突出。各部门规划明目繁多，各类保护地规划管控政策不一，边界相互交错，造成规划实施过程中遗产保护、可持续旅游发展及社区协同方面均出现矛盾和冲突。

1. 遗产地管理规划

目前指导武陵源遗产地保护与发展的相关规划，主要包括张家界市各类与武陵源相关的总体规划、武陵源遗产地各类总体规划和详细规划、专项规划等类别。武陵源世界遗产的《中国武陵源自然遗产保护规划》于 1992 年申遗时编制，自登录世界遗产之后再未随着遗产地发展的实际情况进行过修编，因此，其在遗产地保护管理事业中的地位和重要性逐渐被弱化。作为张家界市的一个行政区，市级的各类总体规划对武陵源遗产地有重大影响，武陵源遗产地（风景名胜区）的各项总体规划、详细规划、专项规划等从不同方面和在不同程度上影响着武陵源遗产地的保护管理。

2. 主要管理规划与遗产地突出普遍价值保护的协同与冲突

武陵源涉及遗产保护的重要管理规划为1992年的《中国武陵源自然遗产保护规划》、“05总规”、《湖南张家界国家森林公园总体规划（2009—2020）》和《张家界世界地质公园地质遗迹保护规划（2011—2020）》。项目组通过对这些规划的规划目标、规划范围、规划分区及管理措施、责任管理部门等方面的详细分析和比较（表4-4），可以清晰地看出各规划资源保护目标的差异性，资源价值等级及其范围的边界差异性，以及由此带来的用地及发展利用管控的差异性。

为满足申遗要求而编制的《中国武陵源自然遗产保护规划》（1992），参考“90总规”的风景资源分类，保护的主要资源为峰林、溶洞、古树名木及珍稀濒危植物、野生动物和森林。“05总规”是目前保护管理遗产地最重要的依据，也是《湖南张家界国家森林公园总体规划（2009—2020）》和《张家界世界地质公园地质遗迹保护规划（2011—2020）》等其他主要管理规划的上位规划和编制依据。《湖南张家界国家森林公园总体规划（2009—2020）》及其下位规划《张家界国家森林公园详细规划》具体落实和细化了“05总规”确定的建设内容，遵循“05总规”的景观资源、遗产保护与风景保育规划，规划体现保护森林资源为代表的生物多样性OUV。《张家界市武陵源区林地保护利用规划（调整方案）》（2016）分级保护林地，同样重点保护森林资源。主要管理规划与OUV保护之间的矛盾突出体现在规划范围边界、分区及规划管理归口的冲突上。武陵源世界遗产主要管理规划的范围关系见图4-16。

世界遗产缓冲区边界与“05总规”、《张家界市武陵源区林地保护利用规划（20102020）调整方案》《张家界世界地质公园地质遗迹保护规划（2011—2020）》（2016）的规划范围基本重合，《湖南张家界国家森林公园总体规划（2009—2020）》范围包含于其中。目前的遗产管理实际按照“05总规”执行，但“05总规”划定的核心区（217.2平方千米）与世界遗产区（264平方千米）范围有较大出入，未全面覆盖世界遗产资源；同时，又将资源较少的一部分世界遗产缓冲区划为风景名胜区核心区，作为严格的保护区域。问卷调查结果显示风景名胜区、世界遗产核心区、缓冲区范围之间的交叠与错位，导致了遗产地管理人员对管理边界的极大误解，以及对管理政策的误导。

并且，因“05 总规”需严格保护及控制发展的风景区范围比世界遗产区范围扩大了近 130 平方千米，致使武陵源区几乎无发展用地，加剧了资源保护与遗产地发展的冲突。遗产地主要管理规划错综复杂的规划范围及分区，或划定的资源保护范围过大，或遗漏了应保护的资源，致使管理部门不清楚需保护的 OUV 资源的确切范围和对象，造成了遗产地资源保护与利用的诸多困境。

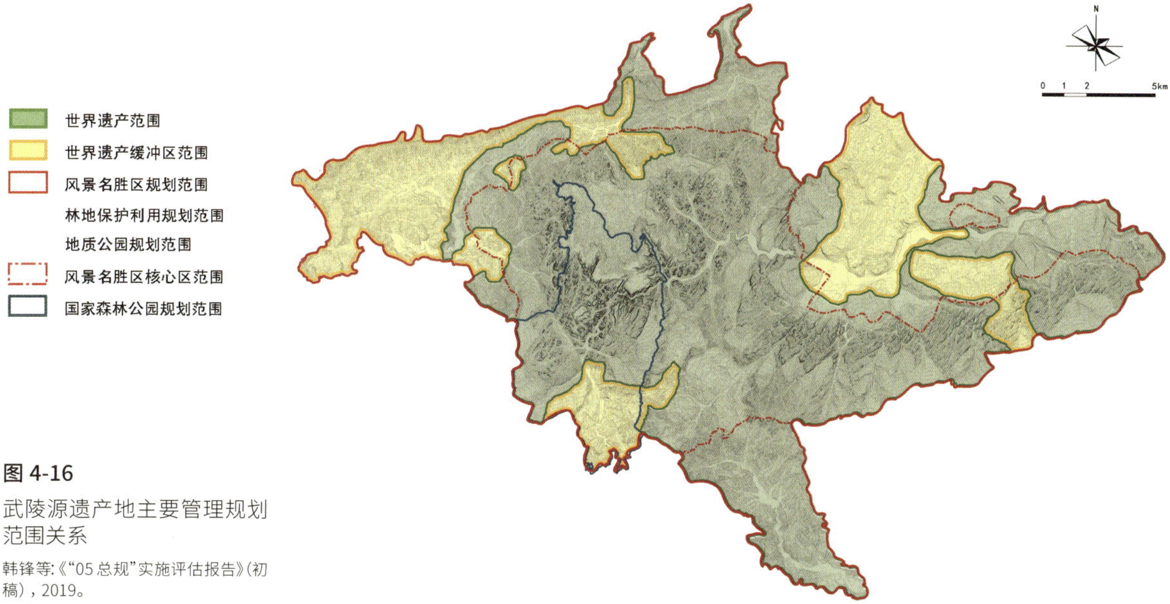

图 4-16

武陵源遗产地主要管理规划范围关系

韩锋等:《“05 总规”实施评估报告》(初稿)，2019。

表 4-4 武陵源主要保护管理规划概况

规划名称	规划期限	规划目标	规划范围与边界	分区及管理措施	管理部门
中国武陵源自然遗产保护规划（1992）		以保护武陵源峰林及溶洞地貌景观为重点；以保护珍惜动植物资源为两翼；以保护整体生态环境为手段，形成完整、系统的保护网络体系	总面积 391 平方千米；东邻慈利县，西部、南部与永定区接壤，北同桑植县毗连	核心区（264 平方千米）、缓冲区（126.8 平方千米）	武陵源区人民政府
武陵源国家重点风景名胜区总体规划（2005—2020）	2004—2020年，规划期限 17 年（近中期：2004—2010 年；远期：2011—2020 年）	总体目标：以保护世界自然遗产的真实性和完整性为宗旨，体现“严格保护，统一管理，科学规划，永续利用”的原则，努力实现世界自然遗产的可持续利用，多渠道发展地方经济，促进社会全面进步；近中期目标：加强对遗产的监护和科学研究，调整旅游接待设施布局和规模，合理安排居民生产生活，全面保护世界自然遗产，适度发展地方旅游经济；远期目标：科学调控游人数量、季节分布和活动，建立社会、经济、人口与自然遗产协调发展的动态平衡体系。到 2020 年，游客量控制在每年 556 万人次，最大日游客量为 18864 人次	总面积 397.5 平方千米；以武陵源区行政管辖范围为界：东邻慈利县，西部、南部与永定区接壤，北同桑植县毗连	核心区（217.2 平方千米）：石英砂岩峰林景观最集中，或岩溶景观发育，或具有重要的生物多样性保护意义的区域，是必须受到保护的区域，至 2010 年核心区居民点全部搬迁。缓冲区（174 平方千米）：环绕核心区的外围地带，缓冲区内农田除计划退耕还林部分外，剩下的作为绿色农产品基地继续保留，同时作为当地文化景观的一部分；建设区（6.3 平方千米）：在风景区范围内，对核心遗产地的水文地质过程、生物与生态过程及审美体验过程不造成明显影响，同时适宜于建设的区域	武陵源区人民政府
湖南张家界国家森林公园总体规划（2009—2020）	2009—2020年，规划期限 12 年（近中期：2009—2015 年；远期：2016—2020 年）	总体目标：在严格保护世界自然遗产的前提下，合理开发利用张家界国家森林公园的旅游资源，实现张家界国家森林公园的可持续发展，促进生态、自然及社会经济的全面和谐发展；近期目标：按“小、少、精”原则调控完善必要的旅游服务设施；中期目标：建设和完善对外交通网络；远期目标：在城区重建公园管理区和旅游服务区，促进社区经济发展。进一步巩固和完善景区自然遗产的保护体系和景区、景点建设，使之达到功能齐全、环境优美、人与自然更加和谐	总面积 47.79 平方千米；以张家界国家森林公园管辖区范围为界：东邻湖南索溪峪省级自然保护区，北连湖南天子山省级自然保护区，西靠张家界市武陵源区杨家界景区，南与张家界市永定区成凸凹状接壤	3 个功能区——生态旅游区：包括黄石寨、金鞭溪、鹞子寨、袁家界、沙刀沟、琵琶溪 6 个景区；核心保护区：包括黑枞脑、老鹰嘴、后花园、前花园小区，为天然次生林分布区，地势险峻，原始古朴；生活管理服务区：位于锣鼓塔地区，目前是森林公园管理、服务、居民居住以及游客出进的重要集散地	张家界武陵源风景名胜区和国家森林公园管理局

张家界世界地质公园地质遗迹保护规划（2011—2020）	2011—2020年，规划期限10年，规划基期为2010年（近期：2011—2015年，为公园保护建设发展期；远期：2016—2020年，为公园保护建设完善期）	总体目标：以保护张家界世界地质公园地质遗迹的自然性和完整性为宗旨，体现“保护优先，科学规划，合理利用”的原则，努力实现张家界世界地质公园的石英砂岩枫峰林地貌、岩溶地貌等地质遗迹及其所处的生态环境得到最大程度的保护，其科学价值、美学价值和生态价值得到最大限度的挖掘和展示。	总面积398平方千米； 以武陵源区行政管辖范围为界：东邻慈利县，西部、南部与永定区接壤，北同桑植县毗连	4个园区——张家界园区（48.1平方千米），天子山园区（56.68平方千米），索溪峪园区（229.68平方千米）及杨家界园区（63.5平方千米）；7个功能区——地质遗迹保护区：公园中南部，以保护地质遗迹及生态环境为主要功能；游客服务区：用于宾馆、饭店、购物、娱乐、医疗、车站、停车场等游客服务项目及其配套设施建设区；科普教育区：东大门附近，主要为小科普宣传；门区：公园大门、售票房等建设区；公园管理区：办公楼、招待所、职工宿舍、食堂、停车场、娱乐场等公园管理干部职工办公、生活、娱乐活动等场地；居民点保留区：为原居民住房、生活、生产区；自然生态区：除上述区域外的区域	张家界市国土资源局武陵源分局
张家界市武陵源区林地保护利用规划（调整方案）	2010—2020年，规划期限21年		总面积397.5平方千米； 以武陵源区行政管辖范围为界：东邻慈利县，西部、南部与永定区接壤，北同桑植县毗连	3个功能区——重点开发区，限制开发区，禁止开发区；3级保护区——I级保护林地：予以特殊保护和严格控制生产活动的区域，保护生物多样性、特有自然景观，防止水土流失。实行全面封禁保护，禁止生产性经营活动，禁止改变林地用途；II级保护林地：予以保护和限制经营利用的区域，生态修复、生态治理、构建生态屏障。实施局部封禁管护，鼓励和引导抚育性管理，改善林分质量和森林健康状况，禁止商业性采伐。除必须的工程建设占用外，不得以其他任何方式改变林地用途，禁止建设工程占用森林，其他地类严格控制；III级保护林地：维护区域生态平衡和保障主要林产品生产基地建设的重要区域。严格控制征占用森林。适度保障能源、交通、水利等基础设施和城乡建设用地，从严控制商业性经营设施建设用地，限制勘察、开采矿藏和其他项目用地。重点商品林地实行集约经营、定向培育。公益林地在确保生态系统健康和活力不受威胁的情况下，允许适度经营和更新采伐	武陵源区林业局

由于武陵源遗产地主要的管理规划分别归口在建设部、林业部、国土资源部和林业部门管理，不同管理部门的规划管理原则、指导思想、目标等各有侧重，与 OUV 保护之间存在差异和矛盾。侧重资源保护的规划与重视资源利用及发展的旅游规划之间存在遗产地资源严格保护与利用的矛盾。不同规划管理机构、规划范围和资源对象重叠且各自管理的现状，分割了遗产地地质、森林、景观等遗产地价值及其载体资源的整体性，导致了不同规划管理措施的空间冲突和实施困难。主要管理规划的范围、分区与武陵源资源的关系见图 4-17。

主要管理规划都充分认识到武陵源世界自然遗产 OUV 载体资源具有巨大的旅游开发价值，各规划的目标、指导思想和措施在不同程度上对

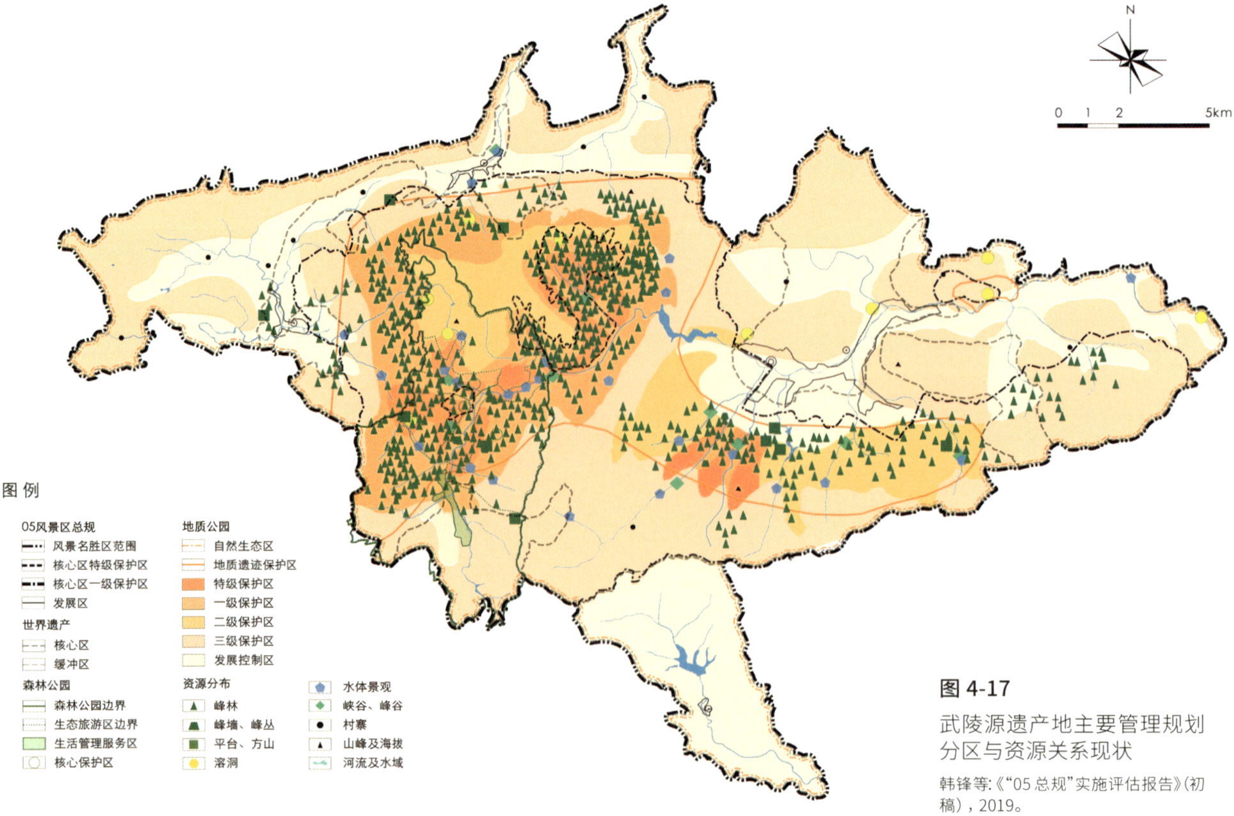

图 4-17

武陵源遗产地主要管理规划分区与资源关系现状

韩锋等:《"05 总规"实施评估报告》(初稿)，2019。

OUV 保护与旅游发展的协同产生影响。“05 总规”强调全面严格保护武陵源世界遗产价值及其完整性，严格控制居民点发展，完全搬迁核心区村民，集中布点，发展旅游；《张家界世界地质公园地质遗迹保护规划（2011—2020）》强调保护地质遗迹的真实性和完整性，同时将地质公园的性质与特色定位为“难得的天然博物馆和罕见的旅游名胜地”，其对地质遗迹价值的解说系统、科学普及活动等的规划与旅游开发的联系比 OUV 保护更紧密；《湖南张家界国家森林公园总体规划（2009—2020）》提出在严格保护 OUV 的前提下，开发利用公园的旅游资源，规划对旅游设施建设考虑较多。主要管理规划皆关注武陵源突出的砂岩峰林地貌、濒危动植物、生态等 OUV，但都未重视武陵源遗产地社区文化价值。各规划社区政策不一，相互矛盾。

由于没有一个统领性规划，各规划之间在边界、用地和措施等方面有着无法协调的冲突和矛盾。如世界遗产区未能被任何一个保护规划的核心保护区完全覆盖，世界遗产区边界与所有规划都存在冲突，甚至军地坪的部分建设区进入了世界遗产区，严重影响世界遗产 OUV 及其完整性保护，导致世界遗产保护状况招致国际社会的严厉批评。又如锣鼓塔地区，在森林公园总体规划中是森林公园管理、服务区，以及社区和游客进出的重要集散地；但在统领全区的“05 总规”中锣鼓塔却为搬迁区，不同规划前后发展政策不一，人为造成遗产地保护与社区之间的矛盾。保护边界不清也不利于协调遗产保护和社区发展的政策一致性。纲举目张，武陵源亟待厘清遗产地核心保护价值及其对象范围。

4.2.6 遗产地保护管理与社区的协同

受访行政管理人员认为，如何协调遗产保护与地方经济发展的矛盾，以及如何管理景区内社区居民，是武陵源遗产地管理面临的最为急迫的问题；其次是对旅游经营的管理和自然生态环境的保护；也有部分受访者

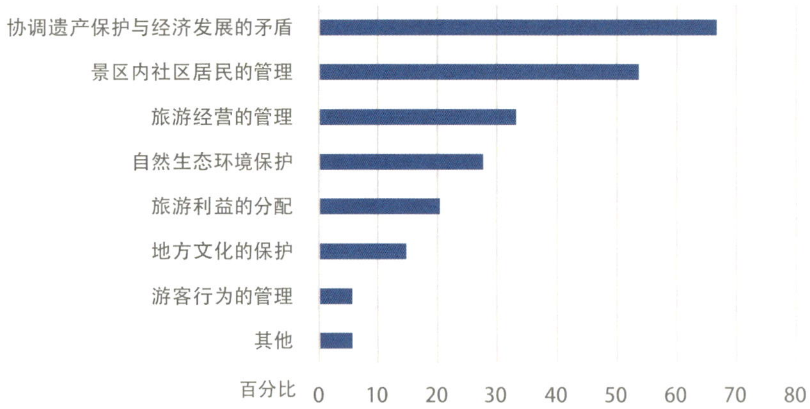

图 4-18
行政管理人员对武陵源遗产地管理中最突出问题的认知

选择旅游利益分配、地方文化保护和游客行为管理等（图 4-18）。结合前述对行政管理人员遗产保护认知的问卷及访谈调查结果，说明行政管理人员对遗产地居民和文化价值的认知不足和偏差很大程度上使遗产地保护与地方社会经济的协同发展陷入困境。

4.3

武陵源世界遗产地旅游管理与发展状况

自 1992 年被列入《世界遗产名录》以来，武陵源世界自然遗产的知名度不断提高，游客数量显著增加，旅游产业成为武陵源区乃至张家界市的经济支柱和当地居民赖以生活的“金饭碗”，以武陵源核心景区的黄龙洞及宝峰湖为主的自然遗产观光游持续、快速发展。

武陵源遗产地 1992 年游客数量不足 100 万人次，2017 年游客数量达 2632.53 万人次，旅游总收入 218 亿元，以旅游业为主的第三产业占地区 GDP 总结构的 95.6%，对 GDP 增长的贡献率高达 98%，旅游人数及旅游收入在国内乃至世界遗产地旅游发展中均位居前列。然而，高速发展的旅游业在带来巨大利益的同时，与遗产保护之间的矛盾冲突日益尖锐。1998 年，由于遗产地不当的旅游业发展，造成基础设施过度建设、环境污染严重、遗产地快速城市化等问题，严重威胁到遗产地 OUV 的保护，引起国际社会高度关注，被世界遗产委员会“黄牌警告”，武陵源由此进入“世纪大拆迁”全面整治阶段。此后，虽然取得了一定的整治成效，但遗产地保护与发展的矛盾并未得到根本性的解决，旅游可持续发展问题尤为突出。2014 年和 2017 年，IUCN 将武陵源列入“重点关注”类别。因此，如何实现遗产保护与旅游的可持续发展，是武陵源世界遗产地保护与管理的关键问题，也是各界都极为关心的遗产地议题。WH+ST 项目的实施对于武陵源世界遗产地具有重大意义。

项目组以 WH+ST 行动指南为依据，对武陵源遗产地旅游发展进行现状调查。重点关注各项旅游发展是否与武陵源遗产价值的保护目标、正确传播、深度解说、充分展示及高品质体验相关联，以及旅游经济是否对遗产地社会、社区发展具有促进作用，进而鉴别武陵源遗产地在可持续旅游认识、策略和实施中存在的问题。

4.3.1 遗产地旅游管理状况

武陵源世界遗产地的旅游发展是张家界市政府、武陵源区政府的一项重要工作，旅游管理属于遗产地综合管理的一部分。从目前的管理体制来看，市政府管理部门、区政府管理部门以及张管局都设置了二级管理机构对武陵源遗产地的旅游发展进行管理，系统庞杂、管理多头。同时，由于武陵源同时具有“世界自然遗产”“国家森林公园”“自然保护区”“国家风景名胜区”“世界地质公园”“5A 级景区”等多种保护地体系及牌子，分属不同的主管部门管理（表 4-5），导致遗产地的旅游发展有多种规划、战略、目标和内容。

表 4-5
武陵源区旅游发展六大管理主体

时间	批准头衔	批准单位	管理主体
1982 年	张家界国家森林公园	原国家计委	林业部
1988 年	国家重点风景名胜区	国务院	建设部
1992 年	世界自然遗产	联合国教科文组织	建设部
2004 年	张家界世界地质公园	联合国教科文组织	国土资源管理部
2007 年	国家 5A 级旅游景区	全国旅游景区质量等级评定委员会	旅游局
2009 年	全国文明旅游区	中央文明办、住建部、国家旅游局	国家文明委

遗产地的旅游发展与资源对象之间没有建立起紧密的逻辑关系，WH+ST 所强调的围绕遗产核心价值进行保护宣传、解说传播、展示体验的可持续旅游发展没有能够得到体现，未能在旅游规划、建设、开发等方面进行协调统一。由于武陵源遗产地的整体遗产价值体系及其核心价值始终未能得到全面的确认和认同，各管理部门缺乏对其他部门所管理的遗产价值的了解，各自的旅游规划针对的是本部门负责的保护地类型的专项旅游，虽然遗产地的最高遗产价值为世界遗产 OUV，但在具体的遗产保护和旅游价值解说展示中，并未得到体现。

武陵源旅游和外事侨务局两个部门主要负责遗产地解说管理和游客管理，具体负责遗产地游客统计、合理配置解说人员和设备、控制旅游发展容量，落实重要旅游服务设施建设。张管局宣传营销科则承担遗产地新闻宣传、精神文明建设、政治思想教育和舆情民意的引导、分析等工作，具体负责旅游宣传促销、旅游市场开拓，推进遗产地网站建设、管理与维护等日常工作信息化建设。但这几个部门与具体管理遗产资源的部门联系都很弱，在旅游发展中很难将旅游发展的目标、解说、体验等与遗产价值及其资源对象深度结合。因此，遗产地发展了旅游，但不是“可持续的遗产旅游”。

在旅游发展规划和管理中，《湖南省武陵源世界自然遗产保护条例》难以对遗产地具体的旅游发展予以指导，而作为遗产地保护和发展纲领性文件的“05 总规”，对可持续遗产旅游并未作出相关内容安排。武陵源在遗产保护与旅游发展两个重大议题上缺乏价值共识，各级政府、各类保护地管理单位出台的政策与规划文件中的旅游发展目标、规模、空间布局及措施相互冲突。在政策法规方面，尽管联合国教科文组织在 2012 年设立了 WH+ST，并出台了相关指导性文件，但遗产地对此知之甚少。武陵源遗产地的可持续旅游需要相关国际文件、国内法律法规、国家规章制度以及地方法规、规划等多层级、多尺度政策法规体系之间的协调。

4.3.2 遗产地资讯

遗产地资讯对于旅游市场具有重大意义。前期调查显示，网络时代的客源市场更是依据互联网的资讯了解遗产地的价值及各种信息，以此锁定旅游目的地，并对旅游目的地寄予预期希望。而旅游目的地也正是为了满足游客的预期，提高游客满意度，而竭尽全力地在旅游目的地开展各种旅游设施建设，提供旅游服务。因此，具有金字招牌的武陵源世界遗产地，能否提供权威的世界遗产等资讯，让社会大众全面、正确认识到武陵源遗产地丰富的价值体系及其可游可观的体验对象，以及世界遗产地与其他一般旅游地的不同，极大影响着客源市场对武陵源价值的认识、目的地选择、偏好预期、游客行为以及遗产地的发展建设。正确的资讯来自于对遗产地价值的深度理解，是武陵源遗产地可持续旅游能够站在地区金字塔尖、保持品质高度的首要条件。

现场调研发现，遗产价值资讯及解说的专业性、获得资讯的途径以及解说传播的有效性是武陵源遗产地价值解说和传播中存在的比较大的问题（图 4-19）。

1. 网络及网站资讯

在中国的旅游开发历史中，武陵源是第一个将世界遗产带向商业化市场运作的遗产地，具有极高的知名度。在百度搜索引擎，以“武陵源”和“遗产”为关键词进行搜索，得到相关结果有二百多万条，可见其社会影响之大。

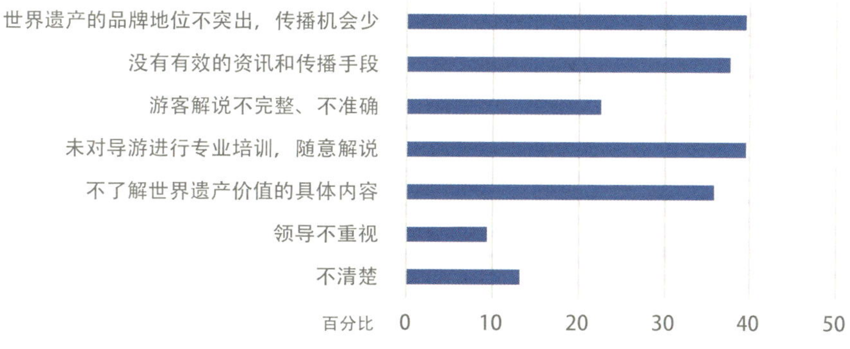

图 4-19

武陵源世界遗产 OUV 解说和传播中的突出问题

虽然张家界市的发展首先得益于武陵源世界遗产旅游，但张家界市似乎并未把武陵源世界遗产作为最重要的旅游目的地。张家界市人民政府旅游官网[①]在显要位置上展示的是“张家界国家森林公园”“天门山国家公园”和“张家界大峡谷风景区”，“武陵源世界自然遗产”被冠以“张家界国家森林公园”呈现（图 4-20），且该网站未对武陵源世界遗产作任何解说，而天门山、大峡谷实际均在武陵源世界遗产地之外。正是这样不准确的资讯造成了前述游客对遗产地边界和对象的认识误区，导致很少有游客知道“武陵源风景名胜区世界自然遗产”这个准确的名称及其范围，也造成了游客对世界遗产保护的错误认识，以为世界遗产区可以建玻璃桥等大型商业娱乐观光设施。在现场调查中发现，甚至连行政管理人员也被该类资讯所误导。此类资讯都有损世界遗产保护及其价值对象展示。

新版张家界武陵源区旅游局官网[②]的情况则好很多。网站首页清晰地列出了“武陵源世界自然遗产”“世界地质公园”“国家森林公园”“国家级风景名胜区”以及“国家 5A 级景区”五顶最重要的桂冠称号。网站虽然缺少世界遗产、世界地质公园等国际遗产的详细资讯，但把相关的遗产重要价值融入到了具体的解说之中。一个显著的特点是，对武陵

① https://www.zjjw.com.
② http://www.hnzjj.com.

图 4-20
张家界市人民政府旅游官网对武陵源世界自然遗产的宣传

源具有全球突出普遍价值的审美、地质和生态科学以及具有地方性的文化价值进行了接地气的文化解说，将其生动归纳为融审美、科学、历史与文化为一体的“武陵源十大美”：石峰林立之美、形神兼备之美、壁险谷幽之美、沧海桑田之美、山水相映之美、木石相恋之美、变幻无常之美、原始生态之美、田园风光之美和民俗文化之美。这样的价值认知及宣传与前述的现场问卷调查分析所得出的结论基本一致，突出反映了遗产地对于武陵源价值的“中国式”认知。网站还很好地提供了武陵源历史、文化、保护以及发展的相关资讯，并将吃、住、行、游、购、娱等要素与其游赏、审美对象相结合。不足的是，由于缺乏对世界遗产框架下的 OUV 及其载体的深刻理解，具体的价值展示和解说对象尚未能精准到位，游客尚无法在此获取武陵源世界自然遗产的准确资讯，无法在旅游中聚焦及体验世界遗产价值。

2. 旅行社及产品资讯

在“携程”“途牛”等旅游平台及“中青旅”“锦江旅行社”等旅游电子商务巨头的推介中，均有张家界武陵源的旅游线路，在线路品牌介绍中会提及“世界自然遗产”，但在绝大多数旅行社产品中，“武陵源世界自然遗产”并非主体，也极少标明“武陵源世界自然遗产”的称号。多数旅行社产品是组合线路，与张家界市官方网站的宣传几乎一致，较为突出天门山、大峡谷、玻璃桥等，而武陵源通常只是线路的一部分，游览安排一般也只有走马观花的一天时间。这与旅行社在地运作有关，也可以看出旅行社主体合作对象更多为张家界市而非武陵源区，武陵源遗产地尚未与全国旅游巨头形成合作伙伴关系。

武陵源拥有世界遗产，遗产地旅游发展的目标应该成为世界级的旅游目的地，张家界市旅游发展对于武陵源遗产地的定位明显低估，不但没有将武陵源遗产地作为旅游目的地金字塔高地，确立其龙头带动地位，反而使其受累于周边景区的分散牵制，成为遗产地旅游的价值洼地。这对于张家界市、武陵源区旅游战略格局和可持续发展都是极大的障碍。

3. 游客中心及景区景点资讯

武陵源遗产地目前仅武陵源地质博物馆提供了专业的地质科学展览、解说，尚未在游客中心对整个遗产地进行全面的遗产价值解说及展示，游客服务中心的现状功能仅为票务、导览、交通、设施服务咨询等。张家界市旅游局制作了武陵源核心景区的手绘地图，内容涵盖武陵源内各景点及项目的门票价格、景点介绍及游客在武陵源的衣食住行等，为游客提供了充足的旅游服务及设施资讯，但缺乏对武陵源世界遗产价值及景点对象的宣传和信息。

4.3.3 遗产地价值解说

1. 导游解说

调查发现，遗产地的导游解说存在严重问题。世界遗产价值经过极其严格的论证和评审才得以确认，武陵源的世界遗产价值更是集地质科学、动植物生态科学以及美学于一体，其解说应当具有极强的专业性。目前，武陵源遗产地对导游解说词、解说对象并无统一规定。导游、解说由各旅行社、旅游企业承担，市场化运作。遗产地对导游未进行统一培训，未设立遗产地导游解说的准入门槛。

项目组在现场跟踪了多个旅行团，其中仅有一个旅行团（金鞭溪）的导游提及武陵源是世界遗产，但将武陵源解说为非物质世界遗产，随即将其与民间传说绑定进行解说。导游对武陵源世界遗产价值及相关知识的了解几乎空白，对地质地貌的景观解说亦多停留在象形传说上，而未能有科学的描述和解说。游客如果不进入地质博物馆听取讲解、观看展览，整个游程下来对武陵源的世界遗产知识则知之甚微。总之，目前武陵源遗产地的大众旅游仍停留在粗浅的观光游，离世界遗产保护和管理以及WH+ST所要求的深度解说与体验存在巨大差距。

2. 指示解说与标识

武陵源遗产地内景区提供给游客的旅游资讯主要集中在展板与旅游指示标识上。大多数核心景区内的指示展板有“世界遗产”“世界地质公园”等标识。核心景区的观景点设立了张家界地貌科普宣传栏（图 4-21）。各景区景点入口提供的总览信息相对比较详尽，对景区主要情况的介绍、景观导览以及游客行为管理资讯也相对到位，且有中英文展示，但仅有极少的对具体景点对象的价值解说（图 4-22）。此外，还设有规范游客行为、提高遗产保护意识的警示展板（图 4-23）。部分景点配备了信息化的导览设备，游客能够通过手机等设备查询旅游信息，获取景点解说信息（图 4-24）。

指示解说与宣传还存在其他一些问题。首先，解说信息与遗产资源对象有偏差。核心区内通过展板向游客进行地貌解说与科普，但展板位置经常与地貌景观的实际位置不对应，游客无法将展板上的解说内容与实际景观结合起来，影响了游客对武陵源地貌价值的认知和体验。其次，各景点的解说、展板标识不一致，如武陵源核心景区的五大门票站展示的认证标识已经统一，但同属核心区一级保护区的黄龙洞景区与宝峰湖景区的宣传标识却仍然不同。此外，还存在一些不恰当的指示标牌和展板，如“神兵聚会”景点的指示标牌和“空中田园”景点的展板（图 4-25）。

图 4-21
地貌科普宣传展板

图 4-22
遗产地景点展板

图 4-23
遗产地警示展板

图 4-24
信息化导览设备

图 4-25
神兵聚会景点路标和空中田园景点展板

图 4-26
遗产地内陈旧破损的解说牌

有些展板已陈旧，上面的文字被侵蚀、模糊不清，解说内容不能被游客清楚地阅读和理解（图 4-26），且解说内容不够全面。调查中，仅 15.4% 的游客认为宣传牌阐述非常清晰。

特级保护区内“地质公园科考游览专线”的地质标识和展示科学性很强，每一处重要的地质遗迹均有在地的、对应的详细标示和科学解说。但由于这条精品科考线路位于“05 总规”的特级保护区内，目前处于废弃状态，牌示字、图的颜色开始剥落，这对于深度解说武陵源的地质价值是一个损失。

3. 地质博物馆

张家界“世界地质公园博物馆”对武陵源的地质价值做了全面的科学展示和普及，是遗产地内唯一能够了解武陵源地质地貌史和科学价值的博物馆，兼具了游客中心的职能。博物馆设有全新的电子阅读机、光电三维投影，声、光、电结合的三维立体张家界地质沙盘，建有全球首个融合声、光、电、视听、体感于一体的张家界地貌“5D 体验”项目，提供了武陵源地质遗产解说、传播和体验的新型途径。博物馆对游客直观了解张家界地貌变化的过程以及宣传和普及张家界地貌知识发挥了很大的促进作用。

4. 文化解说与演艺活动

旅游演艺活动是武陵源遗产地文化解说和展示的重要补充。虽然这些文化艺术价值不是武陵源具有国际代表性的 OUV，但却很好地表现了武陵源独有的地域文化特征，是遗产地自然价值的社会背景，凸显了中国自然遗产地特有的自然与文化共生的特性。文化演艺活动生动地表现和诠释了武陵源地区少数民族语言、舞蹈、歌曲、服饰、传统技艺、生活场景等历史和民俗文化，展现了武陵源人的生活和生存智慧，对于遗产地独有的地域文化起到很好的宣传作用，具有很强的市场吸引力，也使得游客体验更为丰富多样。

2002 年成立的“梦幻传播文化有限公司”（当地简称“梦幻张家界”），有一百多名演员均为遗产地乡村中会传统鼓乐的民间艺人。其中，有两位国家级传承人，十多位省级传承人，二十多位青年传承人。公司曾多次赴海外演出。“梦幻张家界”演出不仅传承了民间非物质文化遗产，而且还提高了村民收入，更激发了村民对传统文化的高度认同感和自豪感图（图 4-27）。

张家界“魅力湘西”开发有限责任公司成立于 2001 年，该公司的演出以展现湘西 33 个少数民族的文艺、歌舞、风俗等非物质文化遗产为主，迄今已经超过百万观众观演，游客满意度高达 97%。“魅力湘西”是少数民族剧场演出的杰出代表。由于扎根地方文化底蕴，加之冯小刚导演运用现代科技手段巧妙地营造出强烈的“代入感”，“魅力湘西”每年的观众人数随着张家界旅游人数的上升不断增加（图 4-28）。

目前，武陵源遗产地的“魅力湘西”“梦幻张家界”“山水张家界”等文化演艺产品，是武陵源遗产价值及其解说的重要补充，有助于对遗产

图 4-27
梦幻张家界土家族民间艺人

图 4-28
魅力湘西剧场

地社区价值的理解和确认，也有助于自然遗产地自然与文化的携手同行。但同时，文化演绎的商业化问题值得关注，准确、适当的文化解说和展示是保护遗产地文化真实性的重要保障。

4.3.4 遗产地旅游线路与游憩机会

WH+ST 要求遗产地的旅游线路组织以遗产价值解说、传播、展示和体验为核心，以解说主题来串接承载价值的资源对象，组织丰富多彩的游赏和体验活动，切实提高游客对遗产价值的认知水平与科学、文化知识，充分共享世界遗产价值。

根据“05 总规”，武陵源遗产地的核心资源主要分布在 22 个旅游景区（表 4-6）。据 2017 年的统计，进入武陵源核心景区的团队旅游 195.53 万人（占 47.92%），自助游 212.5 万人（占 52.08%）。①通过对张家界国际旅行社、张家界青年旅行社的访谈，以及对携程网站等网络数据进行收集分析，发现武陵源的团队旅游游程天数较短，通常不超过两天，大多数与张家界市其他旅游景区组成旅游产品（表 4-7）。团队旅游最大限度地利用如环保客运车、杨家界索道、百龙天梯、天子山索道、十里画廊小火车等快速交通，主推容易到达的黄龙洞、宝峰湖两个景点，快进快出，游览时间短，所到之处只能是遗产地的小部分价值资源点，对世界遗产价值的体验不充分，走马观花式的旅游体验较差。

① 武陵源区统计局：《2017 年武陵源区国民经济和社会发展统计公报》，2018 年。

表 4-6 武陵源景区旅游资源分布情况

遗产地旅游景区	景区旅游资源
张家界森林公园	金鞭溪景区、琵琶系景区、黄石寨景区、腰子寨景区、砂刀沟景区、袁家界景区
天子山自然保护区	凤栖山景区、黄龙泉景区、石家檐景区、茶盘塔景区、老屋场景区
索溪峪自然保护区	鸳鸯溪景区、十里画廊景区、西海景区、黄河岸景区、王家峪景区、百丈峡景区、宝峰山—宝峰湖景区、黄龙洞景区、一线天景区
杨家界自然保护区	龙泉峡景区、香芷溪景区

表 4-7 武陵源遗产地现状大众旅游 1～4 日游热门游线统计

类别	游线		备注
一日游	市区—国家森林公园—百龙天梯—袁家界景区—天子山景区—天子山索道下—市区	●	
	市区—国家森林公园—袁家界—金鞭溪—杨家界—十里画廊—市区	●	
	市区—张家界大峡谷—天悬栈道—玻璃桥—市区	○	在张家界天门山与大峡谷景区
	市区—天门山森林公园—玻璃栈道—天门山寺—通天大道—市区	○	
两日游	（第一日）市区—百龙天梯—袁家界—天子山—十里画廊—天子山—西海—御笔峰—天子山索道—市区 （第二日）市区—天门山索道—云梦顶—栈道—天门洞—天门山大道	◐	第二日不在武陵源风景区
	（第一日）市区—百龙天梯—袁家界—迷魂台—天子山—十里画廊—军地坪—市区 （第二日）市区—天门山索道—云梦顶—栈道—天门洞—天门山大道—市区	◐	第二日不在武陵源风景区
	（第一日）市区—金鞭溪—六奇阁—黄石寨—张家界国家森林公园—市区 （第二日）市区—天门山索道—云梦顶—栈道—天门洞—天门山大道—市区	◐	第二日不在武陵源风景名胜区
	（第一日）军地坪—百龙天梯—袁家界—天子山—十里画廊—天子山—西海—御笔峰—天子山索道—军地坪 （第二日）军地坪—黄龙洞—宝峰湖—市区	●	两日都在武陵源风景名胜区
三日游	（第一日）市区—黄石寨景区—金鞭溪景区一日游—军地坪 （第二日）军地坪—袁家界—天子山—十里画廊—市区 （第三日）市区—天门山景区	◐	前两日在武陵源风景名胜区
	（第一日）市区—黄石寨景区、金鞭溪景区一日游—军地坪 （第二日）军地坪—袁家界—天子山—十里画廊—市区 （第三日）市区—天门山通天大道—天门洞—天梯—玻璃桥—云顶—鬼谷栈道—天门索道—市区	◐	前两日在武陵源风景名胜区中
	（第一日）市区—百龙天梯—袁家界—天子山—十里画廊—天子山—西海—御笔峰—天子山索道—市区 （第二日）市区—天门山国家森林公园—通天大道—天门洞—天梯—玻璃桥—云顶—鬼谷栈道—天门索道—市区 （第三日）市区—大峡谷景区—玻璃栈道—市区	◐	仅第一日在武陵源风景名胜区中
	（第一日）市区—天门山国家森林公园—通天大道—天门洞—天梯—玻璃桥—云顶—鬼谷栈道—天门索道—市区 （第二日）市区—天子山景区—御笔峰—西海—仙女散花—袁家界景区—天下第一桥—迷魂台—白龙天梯——金鞭溪—军地坪 （第三日）军地坪—宝峰湖—黄龙洞—市区	◐	后两日在武陵源风景名胜区中

续表

类别	游线	备注
四日游	（第一日）市区—黄石寨景区、金鞭溪景区—军地坪 （第二日）军地坪—袁家界—天子山—十里画廊—军地坪 （第三日）军地坪—宝峰湖景区 或 黄龙洞景区，车赴凤凰—凤凰古城 （第四日）凤凰古城一日游—张家界市区	◐ 前三日在武陵源风景名胜区
	（第一天）市区—黄龙洞—大峡谷玻璃桥—溪布街—索溪峪镇 （第二天）索溪峪镇—百龙天梯—袁家界—天子山—十里画廊—市区 （第三日）市区—天门山—天门洞—鬼谷栈道—天门山索道—玻璃桥—市区 （第四日）市区—大峡谷大玻璃桥—自由活动	◐ 仅第二日在武陵源风景名胜区
	（第一日）市区—参观韶山毛主席故居—市区 （第二日）市区—黄石寨景区—金鞭溪景区—索溪峪镇 （第三日）索溪峪镇—天子山—十里画廊—索溪峪镇 （第四日）索溪峪镇—宝峰湖景区 或 黄龙洞景区—市区	◐ 后三日在武陵源风景名胜区
	（第一日）市区—百龙天梯—袁家界—十里画廊—市区 （第二日）市区—大玻璃桥—自由活动（市区） （第三日）市区—天门山森林公园—挑战玻璃栈道—走鬼谷栈道—市区 （第四日）市区—凤凰古城一日游—回程	◐ 仅第一日在武陵源风景名胜区

● 游程全在遗产地；○ 游程全不在遗产地；◐ 部分游程在遗产地

世界自然遗产组织鼓励的探险旅游、科考旅游，武陵源尚未组织开展，但显然市场存在这样的需求。目前，缓冲区内的乡村以及一些“驴友”自发挖掘的徒步、攀岩等散客徒步旅游线路共计 13 条（图 4-29），这些无官方组织、未经规划而实施的旅游线路存在巨大的安全与生态影响隐患，武陵源遗产地缺少针对散客的世界遗产教育与宣传。

武陵源遗产地提供的其他旅游机会和体验包括购物、饮食等活动，游客在自然遗产地同时体验到当地浓厚的风土乡情。

总体而言，目前武陵源的游线设计没有以遗产价值和资源展示为主线全

图 4-29

散客徒步路线图

韩锋等:《"05 总规"实施评估报告》(初稿),2019。

面展开,游客无法全面、充分地认识和了解武陵源世界遗产价值。武陵源自然遗产价值及其载体,如砂岩柱、砂岩峰、沟壑、峡谷等地质地貌、动植物多样性、生态美景,以及具有国家级与地方级代表的人文资源,尚未形成系列旅游产品,为旅游市场提供高品质和多样化的游憩机会及体验,并将对遗产地价值的充分解说和展示融入其中。游览线路仍集中以地质、地貌观光为主,造成游客空间分布不均,游憩机会单一。武陵源的旅游线路组织现状离 WH+ST 所要求的以遗产价值为核心的解说、展示、体验的目标尚有相当大的差距。

4.3.5 遗产地旅游影响

遗产旅游提倡负责任的旅游，即旅游活动应给遗产地社区及自然环境带来正面的影响。武陵源世界遗产广受国际、国内社会关注，饱受诟病的是其旅游活动及旅游设施给世界遗产价值带来的损害，给世界遗产保护带来的负面影响。因此，鉴别武陵源遗产地的旅游影响，并对其进行控制和管理，是 WH+ST 试点项目的重要内容。

1. 大型旅游交通设施影响

旅行社线路设计与旅游交通服务设施设置息息相关。继 1998 年对武陵源“泛滥的旅游设施”进行批评之后，2015 年世界遗产委员会在对武陵源遗产地现状报告决议中，再次提及“注意到并担忧遗产地内为游览而建的三条索道、一架电梯和一条有轨电车对遗产 OUV 带来消极的视觉影响，要求缔约国保证将来不在遗产地内进行类似的建设”。旅游服务与交通设施建设是武陵源遗产地保护与发展的重大难题，一直未能得到很好的解决。这与武陵源一直以来的大众旅游观光方式以及“05 总规”对武陵源旅游发展的结构性布局相关（图 4-30）。

武陵源的三条索道（天子山、黄石寨、杨家界）、一座百龙天梯、一部观光电车都在遗产区内，索道、电梯的建设对武陵源世界遗产 OUV 的影响主要体现在两个方面：一是索道、电梯施工过程使这一局部地段的石英砂岩峰柱、石壁的地质地貌遭受到一定程度的破坏；二是索道、电梯建成后，对其所在位置的自然景观造成了一定视觉影响，其中，百龙天梯的影响最为显著。2018 年，武陵源遗产地对百龙天梯外观进行了处理，取得了较好的效果（图 4-31）。

武陵源遗产地的大型旅游交通设施修建较多（图 4-32），在为游客提供游览便利的同时，也给资源环境保护带来挑战。尽管这些服务设施均在水质、噪声、环卫等方面采取了一定的环保措施，但设施的修建必然会造成对自然环境的破坏。目前，遗产地管理者和旅游经营者主要从旅游发展的角度考虑，认为索道、天梯的修建可以让游客“快进快出”景区，

图 4-30

武陵源遗产地及缓冲区交通现状分析

韩锋等:《"05 总规"实施评估报告》(初稿)，2019。

图 4-31

改造后的百龙天梯

图 4-32

中湖乡集镇杨家界大道建设现场航拍（2018 年 4 月）

提高游客量、减少游客游览时间，从而减少游客对遗产地的影响。然而，这种粗放的管理方式对遗产地效益的增加非常有限，无法让游客充分体验到遗产价值。

2. 旅游餐饮、住宿设施影响

根据统计资料，截至 2018 年 8 月底，武陵源全区共有旅宿设施 802 家，包括客栈 566 家，经济型酒店 218 家，高级酒店 13 家以及豪华酒店 5 家；全区接待床位总数为 54134 张，旅宿设施总量实施情况超出“05 总规”规划规模 2.7 倍。索溪峪、中湖、天子山三个旅游镇的旅宿设施规模已经达到 49157 张床位。从空间布局来看，索溪峪有 39537 张床位，中湖 3831 张床位，天子山 5789 张床位，大大突破了“05 总规”旅游设施空间布局规模。尤其是索溪峪、军地坪、天子山，床位数已经达到规划数量的近 3 倍。据 2019 年《“05 总规”实施评估报告》，除了三个旅游镇外，在锣鼓塔街道还分布有住宿设施 113 家，床位数 4492 张；中湖乡住宿设施 113 家，床位数 3831 张；协合乡住宿设施 20 家，床位数 485 张，合计 8808 张。

从武陵源区住宿统计结果可以发现，索溪峪、中湖、天子山三个旅游镇的旅宿设施过度集中建设，对资源环境的承载力造成极大的压力，不利于风景区游赏线路和道路交通的合理组织。而且，造成了遗产地的快速城市化，最终损害到遗产地的价值保护（图 4-33）。

图 4-33
世界遗产区内锣鼓塔街道的城镇化（2018 年 8 月）

3. 其他旅游影响

现场调研中所发现的其他旅游影响还包括导游宣讲的噪声污染、拥挤等，严重影响到高品质的游憩体验。尤其是在天子山和袁家界游客拥挤、道路狭窄之处，高音喇叭声、人群喧哗声与绝美的自然环境极不协调。节假日高峰期拥挤状况还威胁到旅游安全。

根据“05 总规”实施评估的调查，目前武陵源共有 1317 家餐饮设施，包括饮食点 40 家，饮食店 162 家，一般餐厅 1004 家，高级餐厅 104 家，西餐厅 7 家，空间分布上以军地坪街道较为集中，其他地区的一般餐厅主要是依托住宿设施开展餐饮服务。由于缺乏良好的规划引导，与旅宿设施情况相似，武陵源区餐饮服务也存在空间分布不均衡的问题，既没有与武陵源的三产资源特征和经济发展需要相结合，也没有充分考虑游客游览线路及消费需求，面临较大的市场风险。

4.3.6 遗产地旅游纪念品及文创产品

以遗产地核心价值保护和传播为主线，合理利用遗产资源，通过文化创意实现遗产地产品附加值的大幅提升，是遗产地经济可持续发展的重要手段。

武陵源世界遗产地遗产资源丰富，旅游纪念品主要类别有：土特产，如黑茶、葛根、土家腊肉、剁辣椒等；少数民族装饰品、首饰及服饰，手工制作的民族传统工艺品等；明信片、字画、绘有武陵源风景的照片、书籍、盘片等文化影音制品。以上三大类的纪念品分布范围广，以武陵源市区及核心景区为主，品牌众多（图 4-34）。

总体而言，武陵源遗产地旅游纪念品市场的产品较为冗杂，同类纪念品品牌较多，质量也参差不齐。由于有效宣传不足，游客往往得不到充足的信息来帮他们挑选出质量足够好的纪念品。项目组走访了土家族手工纺织厂，发现土家族少数民族手工制品虽然质量较好，但缺少有效的宣传来帮助其在遗产地内销售。高质量的旅游纪念品难以开拓市场，优秀的纪念品不能到达游客的手中，一定程度上影响了游客的旅游体验。

旅游纪念品设计与武陵源的 OUV 联系不强，缺乏遗产地识别度，尤其缺少能体现武陵源自然和文化遗产价值特征的旅游商品。调研显示，在购买过旅游纪念品的游客中，有 73.8% 的游客都购买了当地土特产，如茶叶、腊肉、葛粉等，该类产品体现了一定的乡村文化和生物资源特征；42.5% 的游客购买了民族手工艺品，但大多产品辨识度低、质量低下，而类似于武陵源砂画、土家织锦等高质量产品却因产量低价格高，不为大多数游客所熟知；仅 17.5% 的

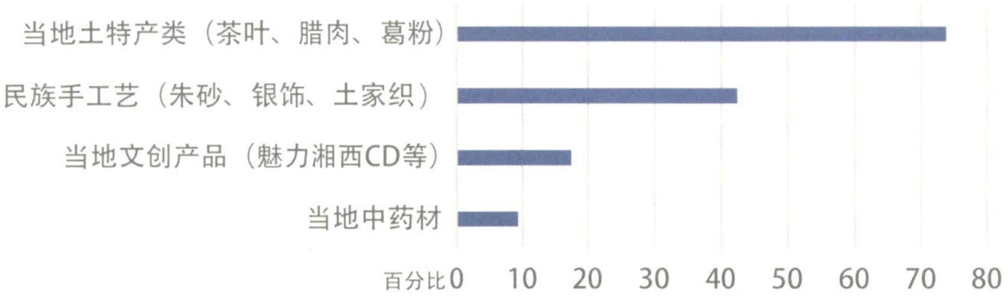

图 4-34
武陵源区景区纪念品

图 4-35
游客购买旅游纪念品的意愿

游客购买当地文创产品（图 4-35）。武陵源当前在文创和纪念品中有品牌效应的为“乖幺妹土家织锦”和“湘阿妹”协合乡土特产系列。遗产地文创产品的开发和创作仍有待加强，以大力提升遗产地的产品附加值。

4.3.7 遗产地旅游收入

1. 门票收入分配

武陵源风景名胜区是中国唯一对外公布门票收入分配的世界遗产地。门票价格分配依据《湖南省定价目录》《湖南省景区门票及相关服务价格管理办法（试行）》和《湖南省发展和改革委员会关于武陵源核心景区门票价格的批复》等制定，分配如图所示（图 4-36）。武陵源核心景区门票收入中，25% 用于环保客运公司的运营成本，据与客运公司负责人的访谈得知，门票收入资金主要用于公司车辆的日常维护、维修，新型环保客运车的引进；分配给市政府和区局的基础设施建设费用达 45%，约占门票收入的一半；区局的景区运营成本占 28%，IC 卡成本占 2%。

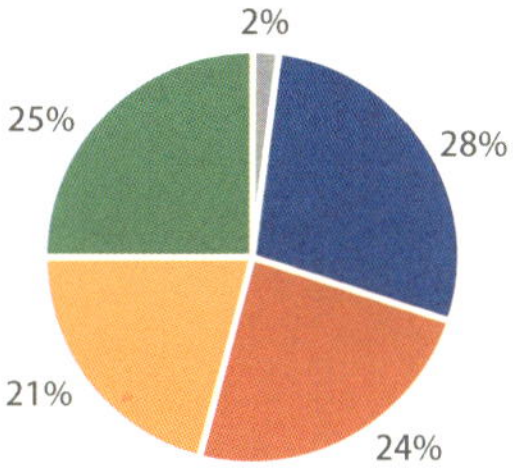

图 4-36
门票收入分配比例图

分配比例显示出的问题：其一，张家界市对武陵源区旅游发展和旅游经营管控力度大，门票收入分配由张家界市政府决策，区一级缺乏遗产地收益自主权；其二，门票大部分收入用于张家界市、武陵源区的基础设施建设和运营，对遗产地遗产保护和社会发展的回馈不足，遗产地社区未能从门票收入中获益。

2. 主要经营公司的收益及其分配

目前，武陵源遗产地的旅游设施运营由张旅集团、新雪国公司、湖南武陵源索道有限公司、黄龙洞投资股份有限公司以及台湾瑞展公司等共同承担。公司旅游设施运营收入除去资源有偿使用费和相关规定的税收，剩余收入由公司自行分配，用于员工工资的发放、景区的维护管理等。这些主要经营企业均招收一定比例的本地居民，参与部分村居扶贫帮困的社会公益活动；并能意识到遗产地保护自然环境的重要意义，主动配合区政府做好环保工作，减少旅游设施的环境影响。

4.4 武陵源世界遗产地社会经济发展与社区协同状况

4.4.1 遗产地社会状况

武陵源区辖天子山街道、锣鼓塔街道、军地坪街道、索溪峪街道、协合乡和中湖乡六个乡镇（图 4-37），共 42 个村（居）；总人口 55 475 人，其中，城镇人口 35 893 人，乡村人口 19 582 人。有近半数的村（居）点位于世界遗产区，其余村（居）位于世界遗产缓冲区（风景名胜区范围）。

项目组对武陵源遗产地社区居民的文化程度、从事职业及收入来源等进行了访谈和问卷调查，数据统计结果如下。

遗产地社区居民总体文化水平不高，受教育程度多为初中、高中水平，分别占 25.9% 和 33.5%；本科和硕士以上学历居民较少，仅占 11.18% 和

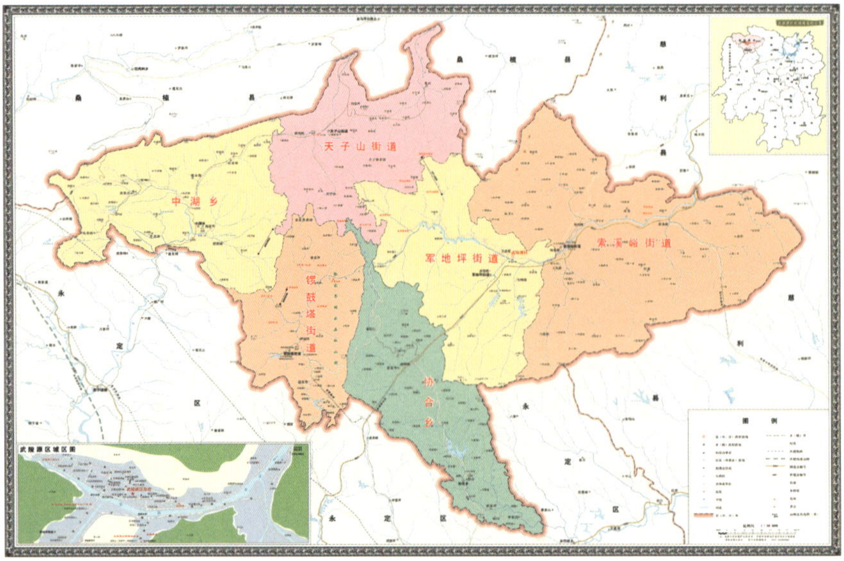

图 4-37
武陵源区行政区划图（2017 年）

0.59%（图 4-38）。遗产地内居民以农民为主，占比最高，为 21%；私营个体户次之，占 17.16%；企业人员所占比例最小，仅为 1.80%。由此可以看出，景区内从事农业生产活动的居民仍占多数；11.24% 的无业人员占比令人瞩目，就业问题严峻（图 4-39）。项目组对遗产地社区劳动力类型及分布状况的调查结果见图 4-40。

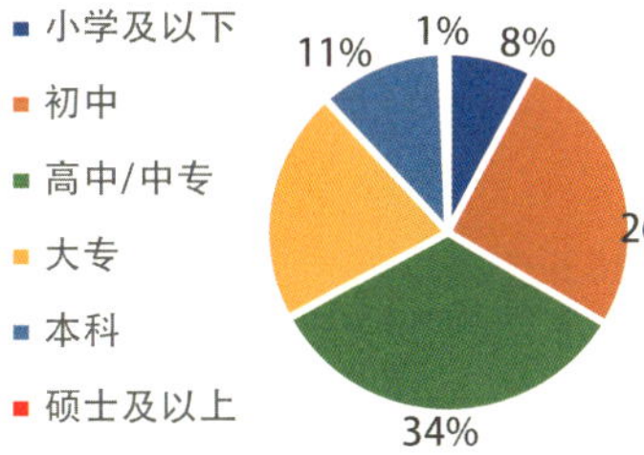

图 4-38
遗产地居民文化程度统计

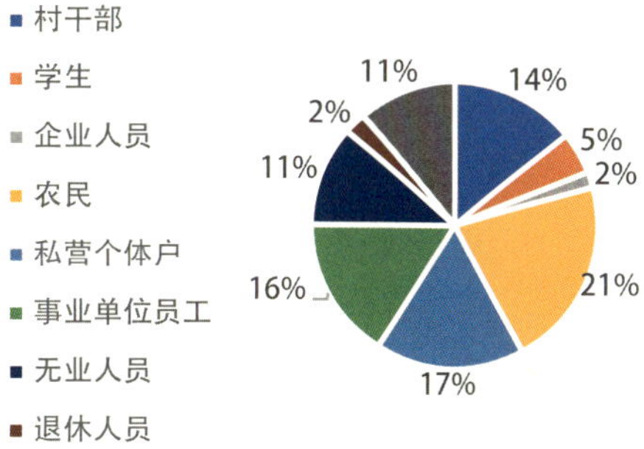

图 4-39
遗产地居民就业统计

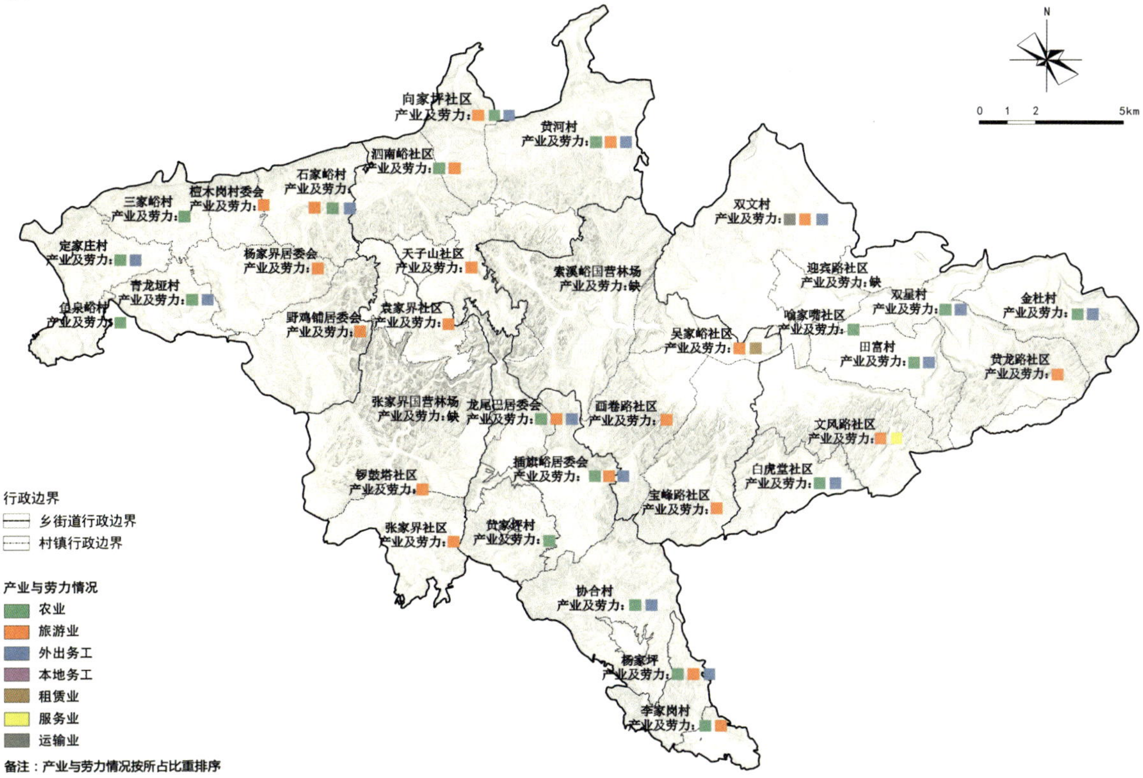

图 4-40
武陵源区各村居社区劳动力从业类型现状分布

韩锋等:《"05 总规"实施评估报告》(初稿)，2019。

遗产地社区居民的经济来源集中来自事业单位薪资、务农及旅游服务业，分别占 28.0%、26.8% 和 20.8%，来源于旅游产品销售的占比仅 6.5%。社会保障及政府补贴类生活来源也占比较小，分别为 6.5% 和 10.7%。可以看出，遗产地社区来自旅游业的收入总占比仅为 27.3%，对于以旅游业为主导产业的武陵源遗产地来说，社区居民在遗产地旅游经济发展中的参与与收入严重不足，且过度依赖于政府补贴等社会保障措施，居民经济生产能力不足（图 4-41）。这种状况在进一步的经济发展状况调查中反映得更加明显。

4.4.2 遗产地经济发展状况

十八大以来，武陵源区经济、社会和环境生态的各个方面都得以快速、健康地发展，2017 年，取得了令人瞩目的成就。全区实现地区生产总值 560 725 万元，同比增长 8.7%（图 4-42）。其中，第一产业增加值 17 614 万元，同比增长 3.8%；第二产业增加值 7 297 万元，同比增长 2.9%；第三产业增加值 535 814 万元，增长 8.9%。产业结构由上年的 3.5 ∶ 1.4 ∶ 95.1 调整为 3.1 ∶ 1.3 ∶ 95.6。第一和第三产业对 GDP 增长的贡献率分别为 1.5% 和 98.0%，分别拉动经济增长 0.2 个百分点和 8.5 个百分点。

全年社会消费品零售总额 152 421 万元，同比增长 10.8%（图 4-43）。分城乡看，城市消费品零售额 122 816 万元，同比增长 11.2%；农村消费品零售额 29 604 万元，同比增长 9.5%。分行业看，批发业消费品零售额 29 908 万元，同比增长 9.5%；零售业消费品零售额 80 716 万元，同比增长 10.2%；住宿业零售额 17 582 万元，同比增长 10.6%；餐饮业零售额 24 215 万元，同比增长 14.8%（图 4-43）。

武陵源独特的遗产资源及其所在区域环境条件、国民经济社会和城镇化发展阶段，奠定了其旅游业发育生长的充分和必要基础，也决定了旅游业必定成为地区主导和支柱产业，这是客观规律。2017 年，武陵源区

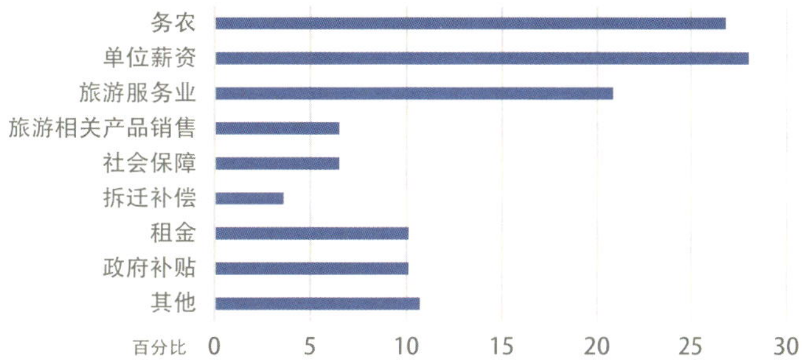

图 4-41

遗产地家庭主要经济来源统计

图 4-42

武陵源区 2010—2017 年地区生产总值及其增长速度

武陵源区统计局：《2017 年武陵源区国民经济和社会发展统计公报》，2018 年。

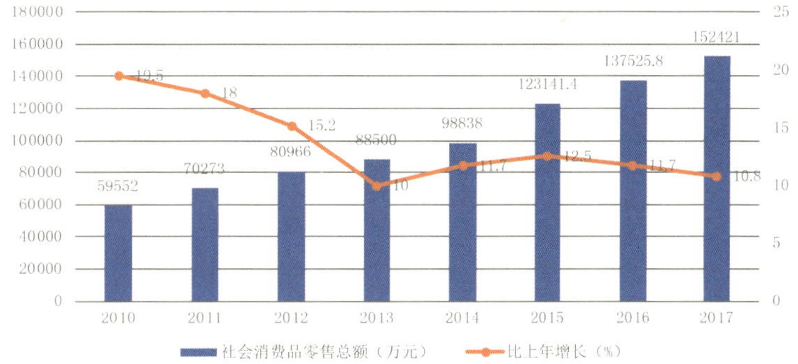

图 4-43

武陵源区 2010—2017 年社会消费品零售总额及其增长速度

武陵源区统计局：《2017 年武陵源区国民经济和社会发展统计公报》，2018 年。

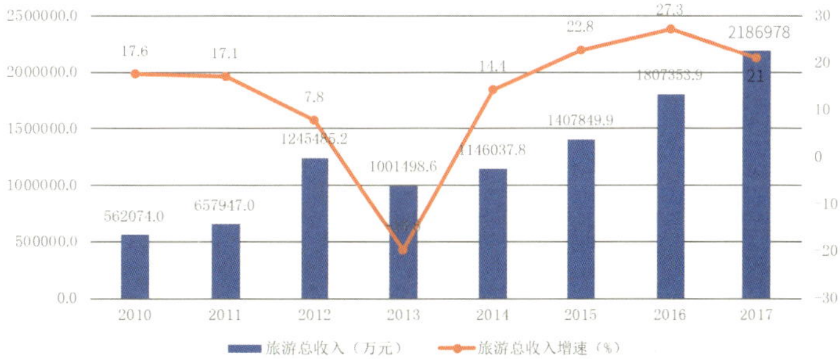

图 4-44

武陵源区 2010—2017 年旅游接待规模及其增长速度

武陵源区统计局：《2017 年武陵源区国民经济和社会发展统计公报》，2018 年。

接待国内外游客 2 632.53 万人次，同比增长 15.2%，其中接待境外游客 176.4 万人次，同比下降 20.6%。接待过夜游客人数 1 355.39 万人次，全市占比 37.15%，同比增长 22.1%。进武陵源核心景区的团队旅游人数 195.53 万人次（占 47.92%），自助游 212.5 万人次（占 52.08%），同比增长 5.49%。民俗节庆及活动接待 56.2 万人次，户外及休闲接待合计 617.9 万人次，实现旅游总收入 218 亿元，同比增长 21%（图 4-44）。

4.4.3 遗产地旅游主导产业的带动作用

遗产经济是与遗产地有着内在联系并且不损害遗产价值的特有经济。这种经济内在联系表现在，一是经济结构中以旅游业为主体的第三产业发育程度较高，占比较大；二是遗产经济的发展会吸引消费人群，形成相应规模的、较高端的消费市场，由此，必定会直接带动相应的商业服务业发展，诱导粮食、蔬菜、水果等农业产业，还可以间接引导遗产区周边乡村休闲、养生、文化等产业的生长，从而构成整体协同、良性互动、可持续发展的经济结构。从武陵源遗产地的现状来看，其与这种有机的经济内在联系尚有明显的距离，处于主导地位的旅游业明显缺乏对其他产业，尤其是农村经济的带动作用。

首先，一产农业发展落后于旅游业的发展速度。2005 年全区农业总产值仅 9 255.2 万元，其中农业产值 3 801.2 万元。2017 年全区实现农林牧渔业总产值 30 635 万元。从绝对值看，2017 年比 2005 年确实有很大增长，但前后两个年份的数据比值只有 3.31，而同期旅游收入比值为 7.44，一产发展的比值不足旅游业的一半。

其次，农业生产供销市场与本地旅游大市场错位。上已述及，遗产旅游目的地是个相对高端、容量大的消费市场，本可为本地农业、农村发展和农民增收所依托和利用。然而，2017 年武陵源区内 7 000 多亩耕地产稻谷 8 714 吨（粮食总产量 15 354 吨），其中优质大米大多外销，本地消费粮食却又多依靠外调入内。市场上舍近就远，依托性发展不足，产业发展便会受制，收益增加便会面临瓶颈。中湖乡与协合乡种粮乡村的农民收入虽较以前有所增长但仍比较低的情况，从一个侧面说明了产销市场错位所带来的不利影响，乡镇社区的土地资源未能很好地为遗产地旅游经济发挥作用。

最后，据 2017 年武陵源区内资（私营）企业登记管理信息，有非私营住宿和餐饮业 23 家，仅占全部 108 家企业的 21%；私营住宿和餐饮业 109 家，仅占全部 621 家企业的 17.6%。个体工商户从业人员 6895 人，只吸纳了全区农业劳动力的 23.7%。这与年接待 2500 万人次旅游市场所释放的辐射力并不相称，农村社区在遗产地旅游经济中的参与度严重不足。

4.4.4 遗产地农村经济发展及农民收入状况

以上产业结构性问题具体反映在农村经济发展及农民收入的状况中，武陵源遗产地在一产和三产的产业结构和获益收入上存在不平衡（图 4-45）。

一方面，村集体经济普遍单薄。据 2016 年村级集体经济经营收入统计，5 万元以下的有 5 个村居（占行政村居总数的 11.9%），5 万 ~ 10 万元的 22 个村居（占行政村居总数的 52.3%），10 万元以上的 15 个村居（占行政村居总数的 35.7%），其中 50 万元以上的只有 9 个村居。最高的黄龙居委会年收入 399 万元，最贫困村年收入仅 2.3 万元，相差约 173 倍。

另一方面，农民收入低且差距扩大。2017 年，武陵源区全体居民人均可支配收入 21 726 元，增长 8.9%。其中，城镇居民人均可支配收入 27 571 元，

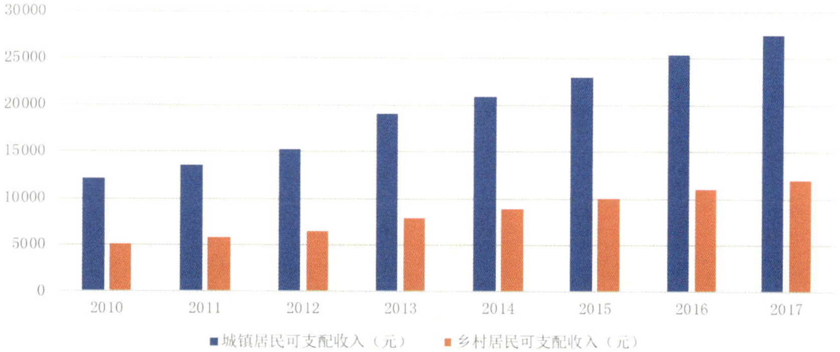

图 4-45
武陵源区 2010—2017 年城乡居民收入情况

武陵源区统计局:《2017 年武陵源区国民经济和社会发展统计公报》，2018 年。

增长 8.7%。农村居民人均可支配收入 12 029 元，增长 9.5%（略高于城镇居民）。同期张家界市全体居民人均可支配收入 15 033 元，其中，城镇居民 22 944 元，农村居民 8 692 元。

从总体分析，首先，2017 年城乡居民收入比为 2.3，较之于 2005 年的城乡居民收入比 2.4，这十几年中几乎没有改变。略低于张家界全市的 2.6。其次，2000 年，天子山、中湖、协合三个乡镇农民人均所得，分别为全区平均值的 75.28%、76.80% 和 90.00%，2017 年却已分别下降至 70.43%、67.65% 和 67.43%。贫富分化有明显扩大的趋向。详见表 4-8，图 4-46。

表 4-8 武陵源区农民人均所得分街道（乡镇）情况

据 2000 年和 2017 年区统计年鉴整理

街道（乡镇）	人均所得 / 元			所得占全区	
	2017 年	2000 年	比值	2017 年	2000 年
区平均值	10365	1780	5.82	100.00%	100.00%
军地坪街道	18966	—	—	182.98%	—
天子山街道	7300	1340	5.45	70.43%	75.28%
索溪峪街道	11977	2072	5.78	115.55%	116.40%
协合乡	7012	1367	5.13	67.65%	76.80%
中湖乡	6989	1602	4.36	67.43%	90.00%
锣鼓塔街道	13208	3396	3.89	127.43	190.79

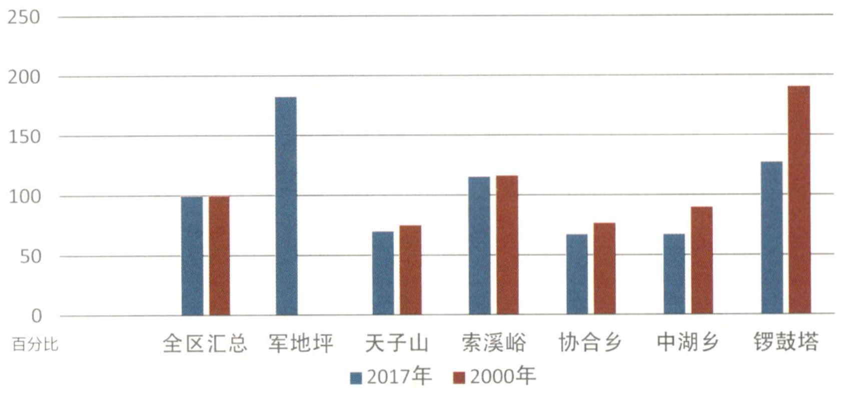

图 4-46

武陵源区乡镇农民人均所得与全区平均值对比

据表 4-8 数据绘制

4.4.5 遗产保护与社区经济发展

张家界市武陵源区的发展极大地得益于武陵源遗产保护。没有张家界国家森林公园，没有武陵源国家风景名胜区，也就没有武陵源世界遗产，更没有张家界市和武陵源区的今天，武陵源区人民也为保护武陵源世界遗产做出了巨大的牺牲和贡献。

为保护世界遗产、风景名胜区等国家自然和文化资源，“05 总规”对当时的 44 个居民点实施了发展控制、空间布局及居民点调控规划。其中，搬迁型 3 个，萎缩型 11 个，控制型 22 个和聚居型 8 个（图 4-47）。由于全区村居有一半左右落在世界遗产区，另一半在缓冲区，因此“05 总规”设立核心区对 82% 的村（居）实施严格管控。只在遗产区外设置了集中式的旅游服务，一个一级旅游镇（索溪峪），两个二级旅游（天子山镇、中湖镇），一个服务点（协合水库）。所有其他村居不设旅游服务设施，尤其是过夜设施。由于武陵源山高路险，道路交通不便，最后只有道路便捷的索溪峪镇畸形发展，形成了旅游服务镇，并导致其快速城市化，两个二级旅游镇因交通问题并没有发展起来。

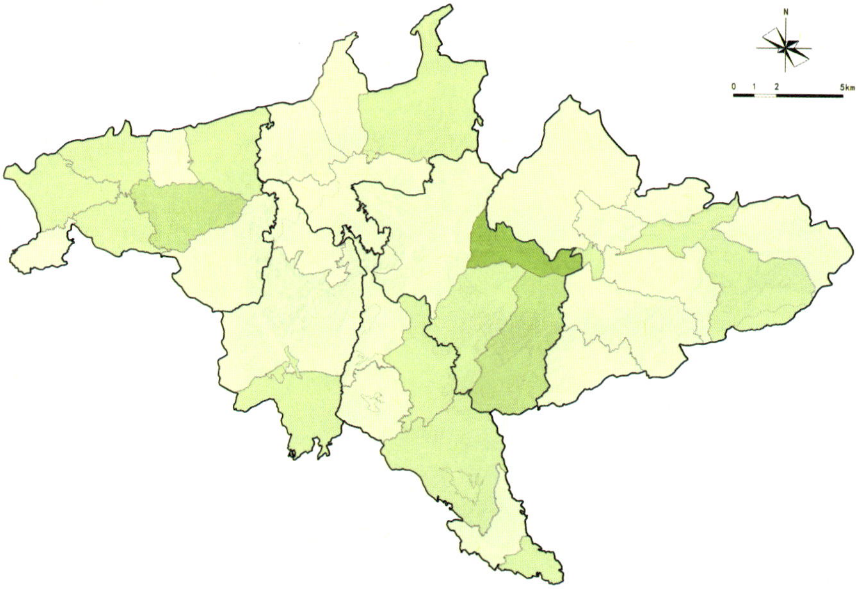

图 4-47

武陵源区行政村（居）边界及其人口

韩锋等:《“05 总规”实施评估报告》(初稿)，2019。

近 15 年来，武陵源遗产地经济空间发展不平衡与遗产保护区划边界及其管控呈现高度的正相关关系。核心区内外的不同社区，由于实施的管控政策不同，受益于旅游业的收入差距十分明显（图 4-48）。

遗产地经济空间发展的不平衡还具体表现在三方面。

第一，城乡农村经济结构差异较大。据 2017 年统计资料汇总（图 4-49），武陵源区农村经济收入结构中，地处旅游服务镇的军地坪街道和索溪峪街道的农村经济总收入遥遥领先。城区军地坪街道商饮服业收入平均已经占到 55%，产业结构正在转型升级，并与区域旅游业经济主体相关联；天子山街道和协合乡商饮服业收入约占 35%，中湖乡低至 17%，与城区街道差距在 10 ~ 27 个百分点。这既反映出了武陵源区城乡经济发展水平落差较大，也反映出不同社区参与经济发展程度及收入差异极大，同时也揭示了武陵源遗产地乡村城镇化内涵单薄的一面。

第二，城乡农民收入的空间差异较大。图 4-48 还反映出，城区三个街道农民人均所得均超 1 万元，而中湖、协合两个乡镇及天子山街道（原天子山镇）农民人均所得均在万元以下，仅及全区平均数的 67% ~ 70%。2000 年至 2017 年，全区农民人均所得增长 5.82 倍，其中城区农民增长 5.78 倍以上，中湖、协合两个乡镇及原天子山镇增长 4.36 ~ 5.45 倍，增速不及前者，而 2017 年与 2005 年同期全区的旅游收入比值为 7.44。说明全区的经济发展，尤其是受遗产保护政策制约的社区未能受益于遗产地旅游高速增长。

第三，遗产核心保护区内、外村居经济空间差异。核心景区和城区村居集体经济直接受益于旅游业，收入较高。如黄龙居委会在核心景区的各类摊位费，年收入 399 万元，为最高；袁家界居委会在核心景区的各类摊位费，年收入 357.35 万元；天子山居委会在核心景区的各类摊位租金，年收入 121 万元；画卷路居委会商铺门面租金，年收入 86 万元；野溪铺居委会 85 万元；龙尾巴居委会的景区照相点、停车场租赁，年收入 29.5 万元。景区和城区外村居则无缘直接享受旅游业的溢出效应，收入明显较低，中湖乡 10 万 ~ 15 万元，协合乡 10 万 ~ 17 万元。最贫困村的旅游收入仅 2.3 万元。

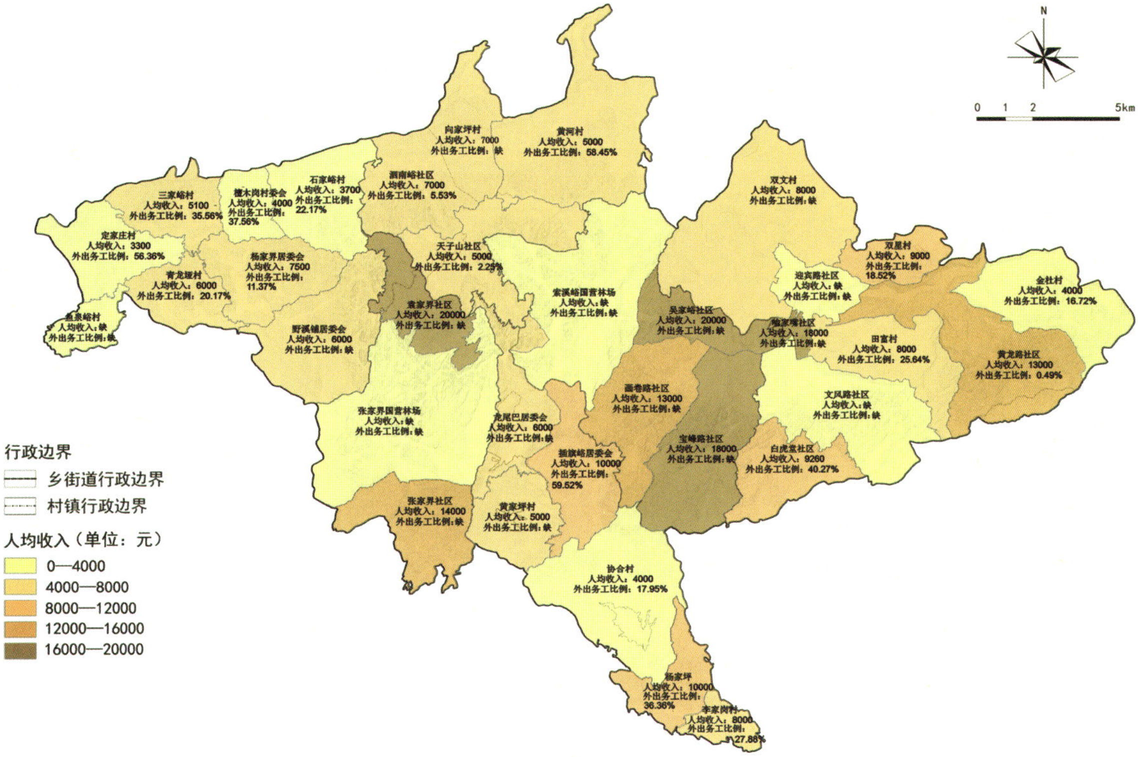

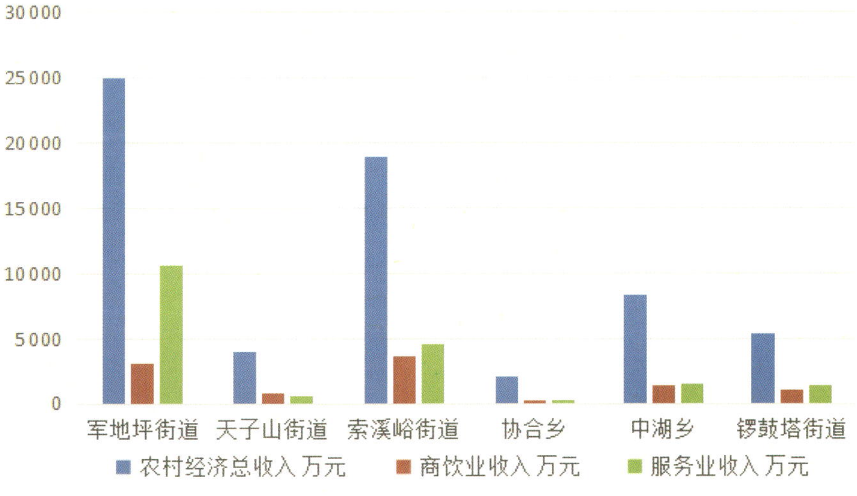

图 4-48

武陵源区 2017 年各村居社区人均收入分布

韩锋等:《“05 总规”实施评估报告》(初稿)，2019。

图 4-49

武陵源区 2017 年各街道（乡镇）农村经济总收入及其构成

4.4.6 遗产保护与社区搬迁整治

武陵源所在地方各级政府和社区居民为遗产保护事业做出了艰苦的努力。在1998年UNESCO世界遗产中心和IUCN对武陵源提出“评估小组发现该遗产地旅游设施过度运行，对遗产地的美学品质产生了重要影响”后，1999年至2018年期间，武陵源区委、区人民政府以《湖南省武陵源世界自然遗产保护条例》等为法律保障，出台了《武陵源景区房屋拆迁及居民安置总体方案》《武陵源景区房屋拆迁补偿标准》和《武陵源景区房屋拆迁补偿实施办法》，分三期实施了拆迁计划（表4-9）。[①]

大量村居点从世界遗产区搬迁出来，搬迁工作给遗产地政府及社区都带来巨大的压力，武陵源遗产保护与社区搬迁成为遗产地难解的矛盾。村居搬迁难，矛盾多；遗产地内产业发展管控难，群众就业难，诉求强烈、意见大；经济空间发展不平衡，农民收入低、增长慢，一些农户因征地拆迁、景区管制动迁而失地，传统的耕种生活被打破，又没有技能和资金另谋出路，就业问题非常严重。2017年仅索溪峪、中湖、协合三个乡镇（街道）的外出务工劳力就达9987人，而2000年的人数才2216人，在遗产地旅游业大发展的前提下，外出务工数不降反升，而且增加如此之多，需引起高度重视和反思。

① 武陵源区统计局：《2017年武陵源区国民经济和社会发展统计公报》，2018年。

表4-9 武陵源遗产地已拆迁和计划拆迁情况

拆迁期次	拆迁时间	拆迁地点	拆迁类型及规模
第一期拆除	1999年6月至2000年底	核心区特级保护区：天子山；核心区一级保护区：水绕四门	190处、400多家经营户共2万多平方米的违章建筑物
第二期拆迁	2001年8月至2003年底	核心区一级保护区：天子山（向天湾、贺龙公园、泗南峪等）、水绕四门、袁家界	接待设施124家（包含IUCN保护展望报告中提及的“40家新的酒店和餐厅”）；搬迁常住居民546户1791人
遗产地入口处拆除	2006年至2008年	缓冲区：索溪峪	吴家峪口至高云桥临索溪河1.7万平方米和高云路以东5.4万平方米建筑物
	2009年	核心区一级保护区：锣鼓塔	9家宾馆近6万平方米
第三期拆迁计划	2015年至2018年	核心区一级保护区：天子山居委会、袁家界、丁香榕、野溪铺村、龙尾巴村、索溪峪林场	有碍观瞻的及违章扩建的接待设施（含第二期隐蔽性安置点居民中的违章扩建的接待设施的）

现状经济问题来自于深层的村居及其产业认知与布局层面。搬迁矛盾的背后，是对遗产地社区价值的不同认知和认同。前述调查中已显示各方对于遗产地社区的价值认同差异较大。行政管理者认为社区价值较小，但考虑到搬迁的难度，仍认为社区有必要留在遗产区内；而其他利益相关者则认为，武陵源遗产地社区具有社会文化价值。武陵源遗产地的历史以及中国的土地国情，难以实施“05 规划”制定的核心区内社区居民全部搬迁的计划（超过一半以上遗产地面积）。

历史是发展的，遗产保护价值观也是与时俱进的。现时遗产地对于社区居民价值的认知已与 2005 年编制“05 总规”时大不相同。位于核心区一级保护区的野溪铺村、龙尾巴村和索溪峪林场三处居民点，在 2015 年时仍按规划实施措施被列入第三期拆迁计划。但近年来，遗产地政府加强了与国际交流和接触，已经开始感觉到世界自然遗产保护的国际政策发生了转变，认识到自然遗产地保护包括对传统小聚落及其乡村景观的保护。自然遗产地的小聚落以传统农业为生，人与自然和谐共处，没有对世界遗产地的 OUV 和生态环境造成负面影响。相反，他们拥有管理自然资源和适应自然条件的智慧。因此，地方政府决定对野溪铺村、索溪林场和龙尾巴村的居民不再实施搬迁，以维持当地传统文化以及人与自然和谐共处的生态原貌①。这是一个可喜的现象，说明管理层对于遗产地社区的价值观念正在发生改变，与社区的关系有可能进一步改善并走向协同。

4.4.7　社区参与遗产保护管理和旅游

社区居民通常以参与政府行政管理（政府行政人员）、从事旅游行业（导游、司机等）、受雇于旅游开发企业、在景区内经营小型商铺（商贩）或者成为森林消防、环卫工人等方式来参与遗产地的保护管理与旅游发展。

① 国家林业和草原局：《武陵源风景名胜区保护状况报告》，2018 年 11 月。

1. 管理规划与社区协同

2012—2016 年，针对武陵源遗产地旅游经济空间发展不平衡、社区受益不均衡的问题，政府对全区的发展布局做了适度的调整。不断完善规划布局，拉长旅游城镇短腿、补齐旅游消费短板，提质升级武陵源中心城区。并且，开始将自然保护与武陵源民俗文化保护相结合，结合乡村振兴政策，突出各级乡镇的传统文化特色及乡村经济特点，建设特色二级旅游接待镇。如天子山定位为民族特色小镇，中湖乡定位为旅游特色风情小镇，协合乡村休闲旅游小镇，锣鼓塔高端养生旅游服务区建设，构建“一中心四小镇”的城镇发展格局，推动遗产地社区均衡发展，为 WH+ST 的实施打下了一定的基础。

2. 社区与旅游服务经营

项目组对遗产地居民参与本地旅游服务性经营和参与方式进行了调研。超过半数居民没有参与武陵源遗产地的旅游服务经营。在参与的居民中，有 37.9% 的参与方式为经营旅馆和餐馆；其次，摆摊做生意的居民占 34.7%；参加文化表演和选择其他选项的占比最小，为 4.2%。居民参与遗产地旅游经营的方式仍以自主经营住宿和餐饮最为普遍，尚没有完整的管理和经营体系。大多数业态发展层次不高（图 4-50），且各个居民点之间发展规模差异较大。

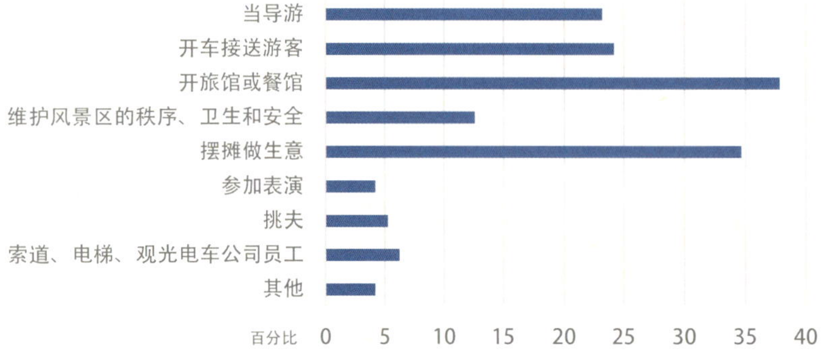

图 4-50
遗产地居民参与本地旅游经营的方式

因对社区缺乏整体性的旅游产业引导，社区旅游经济无组织、不成规模。尤其在世界遗产区，社区的旅游业需求量大，社区居民的发展意愿强烈，已陆续出现“五号山谷”“回家的孩子”等结合土家文化、乡居和生态农业度假的金牌民宿，且部分大型民宿已经具备前沿的营销能力。但目前因无规划等政策引导，成无序自发发展状态。遗产旅游与社区相结合，自然遗产区的生态旅游与缓冲区的乡村文化旅游相结合，在武陵源遗产地尚有巨大的发展潜力。

3. 社区与旅游企业

遗产地旅游企业对遗产地社区居民都有不同程度的优先录用。通过对主要旅游公司中本地员工的调研发现，黄龙洞投资股份有限公司和张家界百龙天梯旅游发展有限公司两家企业录用本地居民人数最多，分别占企业总人数的 85% 和 65%。而员工数量最多的环保客运公司仅有 25% 的本地员工（表 4-10）。

访谈中了解到，约三分之二的居民表示在从事旅游相关工作时没有享受到本地人优惠政策，仅三分之一的居民表示受益于本地人优惠政策。在享受到本地人优惠政策的居民中，半数居民表示在从事旅游相关工作时得到了就业培训，约四成的居民享受到租金优惠。其他优惠政策还包括优先录用和低息贷款等，仅不足四成的受调研居民曾享受到优先录用政

表 4-10 武陵源主要旅游公司录用本地居民的情况

公司名称	员工人数	武陵源居民人数	比例
环保客运公司	423	106	25%
黄石寨索道	54	23	42.3%
张家界宝峰湖旅游实业发展有限公司	164	36	22%
黄龙洞投资股份有限公司	285	241	85%
张家界百龙天梯旅游发展有限公司	120	78	65%
杨家界索道	62	14	23%
天子山索道	76	69	91%

策。由此可以看出，在武陵源遗产地旅游经营与管理中，对当地居民的帮助和扶持还远远不够，惠民政策在类型多样性和落实效力上仍有待加强。政府应进一步加大对遗产地社区居民的技能培训，优先录用遗产地劳动力应该成为外来企业的准入门槛，以使遗产地社区居民更多地享受到遗产地的发展效益。

4. 社区与旅游受益

作为武陵源遗产地经济支柱产业的旅游业，对社区居民生活的影响很大。通过调查得知，超过 80% 的居民能够从旅游经营中或多或少获益，但获益程度相差很大。每年因从事旅游经营获得收入为 5 000 元以下、5 000 ～ 10 000 元的居民所占比例最高，为 26.6%；收入 2 万元以上的次之，为 22.34%；17.2% 的居民认为自己没有赚钱甚至是赔了钱。总体而言，社区参与旅游发展经济效益不佳。没有参与旅游经济的社区居民中，有 57.3% 是因为没有本钱做生意，22.7% 认为自己没有经商能力。参与旅游经济并非人人都要经商，可以有多渠道的参与形式。尤其重要的是，需要把遗产价值、遗产资源与遗产地经济、遗产地文化创意产品相结合，充分挖掘传统文化智慧、科普生态智慧以及乡村景观智慧在旅游产品中的附加值。

4.5 武陵源世界遗产地存在的突出问题

武陵源 WH+ST 项目，从武陵源申遗价值的再认知研究，到现场大量调研，结果表明各利益相关者对武陵源遗产地的价值认知并没有达成共识。遗产价值的自然科学认知和地方历史的文化认知在遗产地的保护与社会可持续发展中均存在缺失，自然保护与社会发展存在竞争性。遗产地的保护管理规划、旅游运营和社会经济发展与社区协同，未能围绕武陵源世界自然遗产 OUV 及其中国国情下的遗产地实际状况进行政策协调。

4.5.1 价值认知

价值认知的突出问题集中于四点。

第一，各利益相关者群体对武陵源世界遗产自然价值的认知均明显不足。尽管武陵源石英砂岩地质景观已被普遍认知，但各群体对其价值的认识较为直观和单一，主要归纳为“风景优美、自然环境好”，对其自然科学价值认知低，尤其是对遗迹化石的价值认知很低。

第二，各利益相关者群体对武陵源世界遗产 OUV 具体承载要素的认识普遍不准确、不完整。

第三，因受“05 总规”规划分区及周边景区的宣传等影响，各利益相关者群体对基于价值载体的遗产范围的认知普遍不清晰，与世界遗产及其缓冲区范围存在较大出入。

第四，尽管武陵源属于世界自然遗产，但多种角度和各个层面的调查结果都反映出，除了行政管理人员，其他利益相关者群体都较为认可、关注和重视武陵源遗产地的文化价值。究其原因，一方面，或是受到中国自古以来“天人合一”的传统人文主义自然观的影响，文化与自然形成了双向构建的关系，成为了武陵源遗产价值的重要关联价值；另一方面，在旅游产品的开发中，凸显文化主题的产品开发相较自然主题的产品开发更为成熟，因此文化特性对于各类利益相关者的价值判断影响较大，同时也体现了文化对于各类群体的吸引力。行政管理人员群体对武陵源遗产地历史文化价值和社区价值的认知不足、与其他利益相关者群体的认知存在较大差异，或受限于其保护自然遗产的职责，但不利于遗产地保护管理与社区的协同发展，是需要重视的突出问题。

四大利益相关者群体对武陵源世界遗产地整体价值认知都存在明显缺失，均未能完整、准确地认知和理解武陵源世界遗产价值及其载体对象；且各群体之间对武陵源的遗产类型、具体价值类型、价值载体和遗产范围的认知均有不同程度的偏差，反映出各类群体对于武陵源作为世界自然遗产的概念和OUV价值内涵认知模糊与世界遗产价值标准存在较大差距。价值认知的突出问题也反映出遗产地在认知渠道方面存在的不足，除了行政管理人员，其他利益相关者并没有准确了解OUV的官方渠道。遗产价值认知的偏差进而导致了对遗产保护的认知差异，主要问题集中在行政管理人员群体对保护遗产地社区价值的认知不足和偏差、各利益相关者对遗产地社区价值保护的认知差异，以及对遗产地旅游设施建设的美学、生态环境影响等缺乏科学评判，普遍对设施建设的接受度较高，与国际世界遗产机构的评估及武陵源世界遗产OUV保护的要求存在显见的差距。

对武陵源世界遗产价值的正确认知与共识是武陵源遗产地保护与管理、可持续旅游与社区协同发展的根基；价值认知层面的突出问题表明，加强宣贯和培训，向武陵源遗产地各利益相关者准确阐释武陵源世界遗产从国际到国家和地方的多层次价值，以及完整的自然和文化价值，统一各群体对武陵源世界遗产OUV价值及其载体的认识，建立坚实的遗产价值共识基础，是武陵源世界遗产保护与可持续旅游发展亟需解决的首要问题。

4.5.2 保护与管理

所有武陵源遗产地保护与管理呈现出的突出问题与矛盾，都在根源上与相关的遗产价值认知的突出问题相对应。调研结果反映出遗产地保护管理的四个突出问题。·

第一，行政管理人员群体对武陵源遗产地历史文化价值和社区居民价值的认知不足和偏差，反映至武陵源遗产地保护管理目标，表现为仅围绕武陵源世界遗产OUV，而对遗产地的自然价值与社会文化价值关联、可持续旅游及居民社会经济发展的关注不足，与世界遗产OUV保护目标的完整性存在差距。致使遗产地保护与地方社会经济的协同发展陷入困境。

第二，武陵源遗产地长期以来并行运作的多种保护地类型及其保护管理体系，割裂了遗产地具有的国际级世界遗产价值、国家级风景名胜区价值与地方价值之间紧密的层级支撑关联，导致了遗产地保护管理中的价值冲突，作为保护管理依据的各层级保护管理政策、法规之间缺乏协调，难以落实 OUV 保护，亟需整合遗产地保护地管理体系，统筹遗产地的自然、文化及旅游资源保护与管理。

第三，遗产地保护管理体制未理顺，OUV 的保护主体未统一，多头管理；加之各行政管理部门对武陵源遗产价值认知的偏差，以及对遗产地保护管理目标、价值对象等缺乏共识，遗产地价值资源保护在管理机构职责、管理边界、部门协作保护等方面矛盾突出。

第四，多规不统一，遗产地主要管理规划在规划目标、范围、分区、发展利用管控措施以及规划管理部门上均存在差异；与遗产地 OUV 保护在规划范围边界、分区及管理规口上的矛盾突出；OUV 保护规划及旅游发展规划未重视与遗产地社区协同。“05 总规”实施主体地位不突出，并且存在遗产价值认知局限、价值资源载体识别不完整、规划范围及分区划定与世界遗产资源保护冲突、抑制遗产地社区发展等突出问题，加剧了遗产地管理部门对遗产价值及载体、遗产地范围等的认知偏差，进一步导致规划实施中的各种矛盾和冲突。武陵源遗产地亟需基于遗产价值认知与保护管理共识的、协同遗产保护管理、旅游发展与遗产地社会经济发展的保护管理规划，评估“05 总规”实施状况，启动修编工作，实施“多规合一”迫在眉睫。

4.5.3 旅游管理与发展

遗产地旅游管理与发展现况存在五个方面的突出问题。

第一，由于遗产地整体遗产价值及其 OUV 核心价值未能得到不同保护地旅游发展管理部门的全面确认和认同，遗产地旅游管理和发展也出现在多头管理下多种规划、战略、目标和内容之间相互冲突的问题，遗产地价值认知的不完整也导致了遗漏及未充分利用遗产地社区价值和资源以发展旅游的局限。

第二，旅游管理部门与遗产资源管理部门联系很弱。旅游管理及发展未与遗产地价值及资源对象建立紧密的逻辑关联，表现为遗产地资讯不规范，未能充分和准确地宣传遗产地的核心价值；游客中心解说、传播遗产价值的功能缺失；旅游线路组织设计没有充分利用遗产资源并突出以遗产价值和资源的展示体验为主，难以引导游客完整充分地认识和体验遗产地价值；旅游纪念品和文创产品设计与 OUV 及其载体关联性不足、产品附加值低等一系列问题。

第三，遗产地对武陵源世界遗产 OUV 和保护方式的认知偏差反映出对于武陵源作为世界遗产的旅游解说及宣传方面的问题。遗产地面向游客的 OUV 解说与传播，存在世界遗产价值宣传不突出，遗产价值宣传渠道覆盖不全面，遗产价值解说内容不完整、不准确，导游解说随意、不专业等突出问题，与遗产地解说要求的极强的专业性差距很大，影响了游客对于武陵源遗产核心价值的认知和高质量的遗产体验。遗产地解说与传播尚有很大的提升空间。

第四，遗产地内的大型旅游交通设施和过度集中的旅宿餐饮服务设施对遗产价值及资源环境保护仍是严峻的挑战，与游客充分体验遗产价值存在矛盾，缺乏良好的规划引导，与地方经济发展协同不足。

第五，旅游收入的分配对遗产保护和当地社区发展反馈不足，难以支撑遗产地旅游可持续发展。

总体上，遗产地旅游管理与发展现况，距离 WH+ST 强调的围绕遗产核心价值进行保护宣传、解说、传播、展示体验的发展目标尚有较大差距。

4.5.4 社区参与遗产保护与旅游发展

武陵源遗产地社区与遗产保护和旅游产业发展之间既相互依存又存在矛盾，主要问题反映在如下四个方面。

第一，遗产地经济尚未形成有机的经济内在联系，居于遗产地产业主导地位的旅游业对其他产业，尤其是农业经济的带动作用不足，存在包括一产发展落后于旅游业发展、农业生产供销市场与本地旅游大市场错位。社区在遗产地旅游经济中的参与度不足，获益少，无法满足和支持旅游业快速发展的需要等问题。旅游产业与社区协同发展的经济产业结构基础有待完善。

第二，由于遗产地保护管理所依据的“05 总规”对遗产地社区居民价值认知和遗产保护区划边界、管控存在局限或不合理，其实施后造成了遗产地经济空间发展的不平衡，加剧了遗产地城乡经济差距、城乡居民收入空间差异和遗产核心保护区内、外村居经济空间的差异，社区集体经济薄弱，居民收入低且差距扩大；引发了遗产地保护管理、旅游发展与居民社会生存发展之间的矛盾冲突。

第三，缺乏整体性的对社区旅游产业发展的引导，社区参与旅游呈无序自发状态。各群体对遗产地社区的传统文化智慧、生态智慧的价值挖掘和认知尚不充分，社区对自身文化在遗产价值体系中的地位及参与遗产保护和旅游发展缺乏自信，社区旅游与遗产价值及资源、生态旅游的结合度不高，社区尚未能真正有效地参与遗产地保护管理与旅游发展，对旅游产品中的附加值贡献不够。

第四，政府对社区居民参与遗产地旅游经营和管理的扶持较少，尚未形成完善的资金和培训等方面的遗产地旅游支持体系，在社区居民受教育程度普遍不高的情况下，社区参与的能力与遗产地发展要求并不匹配。

世界遗产的保护管理与居民的发展诉求之间的矛盾，是国际遗产保护面临的普遍问题，而旅游正是架设在这对矛盾之间的桥梁。精心设计和管理的旅游产业可以创造就业机会，为社区提供“旅游生计”，带动当地社区发展。因此，以可持续旅游为工具，将社区发展纳入遗产地保护与发展的框架，是需要重要探索和示范的。

插旗峪村抗金岩

杨晨 摄

空中田园

韩锋 摄

5 武陵源 WH+ST 试点项目实施与评估

价值观是遗产地保护与管理的思想指导，对遗产价值及其载体的认知是遗产地保护与发展的基础，遗产地的矛盾和问题亦是价值冲突的表现。从对武陵源试点项目的调查可以发现，各利益相关者对武陵源世界遗产的价值认知存在着很大的差异性，这种差异性是导致遗产地保护与管理、旅游发展以及社区和旅游发展矛盾的根源。武陵源世界遗产地所反映的问题既具有中国世界遗产地的特殊性，也具有国际世界遗产地的普遍性。根据武陵源试点项目的调查与研究，武陵源世界遗产地存在的症结问题集中表现在：

(1) 对世界遗产价值及其资源对象缺乏认知和共识；
(2) 国际级的世界遗产价值、国家级的风景名胜区价值与地方价值在保护管理中的冲突；
(3) 自然遗产保护与文化遗产保护的冲突；
(4) 世界遗产资源多方协同保护与旅游效益共享分配之间的矛盾。

5.1 国际遗产保护理论发展与中国国情思考

在制定试点示范行动策略前，尤其需要在理论层面上反思国际世界遗产保护理论的发展趋势，以及其与中国国情的对接。只有深刻反思问题和矛盾的根源，才能探索出立足中国国情、尊重历史文脉、倡导环境公平的自然遗产保护路径，实现遗产保护、旅游发展与社区利益三者之间可持续的共赢式增长，为 WH+ST 项目提供自然和文化多样性价值观基础上的中国贡献和示范经验。

5.1.1 世界遗产保护价值观的演变与启示

价值观不是一成不变的，哲学观、伦理观、科学观的变化都影响着主体的价值认知。在国际遗产保护中，影响遗产管理框架和政策的价值观，一直在演变发展。遗产保护体系是价值观发展的产物，不同的价值观有不同的资源对象偏好。因此，“什么对象能够进入价值体系”和“什么是重要及值得保护的”都是关于价值观的问题。价值观的变化决定了遗产管理的目标、对象和措施的转变，价值观的变化可以说是决定性甚至革命性。在国际上，1992 年是一个分水岭，遗产保护工作者应对此革命性变革有普遍的认知，这项变革直接影响了此后国际遗产保护的所有政策和模式。

作为国际大家庭的一员，国际遗产价值观及其演变影响着中国的遗产保护体系及其管理。中国风景名胜区进入到国际体系的部分，始终受到国际遗产管理框架的制约；同时，中国的遗产价值也输出到国际，开始逐渐影响到国际遗产保护的价值观及其政策。考察国际遗产保护的价值演变和发展，是理解国际遗产保护政策变化的基础，同时，可以为武陵源风景名胜区世界遗产价值认知提供参照系。

回顾国际遗产保护的历史，大致经历了以下四个重要的价值观演变时期。

1. 全球性自然和文化遗产价值的初识（1945—1972 年）

第二次世界大战结束后至《世界遗产公约》诞生前，是自然和文化遗产保护的起始初期。二战后的世界，满目疮痍。1946 年初创的 UNESCO，基于科学家、艺术家、哲学家们的贵族精神和乌托邦理想，提出以知识和文化促进教育、科学及文化的国际合作，为世界和平和正义而奋斗。1959 年，UNESCO 成功联手超过 50 个国家，共同拯救跨越国界的、人类共同的文化遗产——埃及阿布辛拜勒的神庙和菲莱圣殿，启动了全球性文化遗产保护运动。20 世纪 60 年代，西方环境问题不断恶化，在环境哲学的诞生影响下，迫切需要新的环境伦理。环境保护运动风起云涌，为自然免受人类活动侵害、为自然内在价值而战，IUCN 一直是自然保护的领导者。[①]但在此阶段，文化遗产与自然保护还只是互相平行而不相干的运动。

2. 世界遗产保护中自然和文化遗产保护的分裂期（1972—1992 年）

从 1972 年《世界遗产公约》诞生至 1992 年，世界自然和文化遗产保护理念不断深化，但自然遗产保护和文化遗产保护的裂痕日益加深。自然和文化的分裂，在西方文化中由来已久，也影响到其对自然和文化的保护实践。1972 年，在美国黄石国家公园诞生 100 周年这个具有历史意义的时刻，UNESCO 通过了《世界遗产公约》，开始了世界遗产保护的国际历程。UNESCO 认为，自然和文化的保护有必要放在一起，将 ICOMOS 和 IUCN 分别起草的保护文化遗产和自然遗产的文件一起放进了公约，但文化和自然两个遗产大类界限泾渭分明，公约中文化与自然之间并没有实质性的交融，对自然和文化混合遗产的概念和价值标准的模糊不清，成为了后十年价值争论的焦点。而其后国际遗产不断发展的历程，也是不断弥合文化与自然之间裂痕的艰难旅程。

《世界遗产公约》作为西方文化主导的产物，带着深刻的传统西方哲学思想的烙印，即人和自然的对立。公约虽然覆盖了文化和自然两个遗产大类，但其中界限泾渭分明。20 世纪 60 年代，人地关系极其紧张，促进了西方环境哲学的诞生，对自然的工具性价值和内在价值倍加关注，

① IUCN, *Guidelines for Protected Area Management Categories* (Gland, Switzerland and Cambridge, UK: IUCN, 1994); IUCN, *50 Years of Working for Protected Areas: A brief history of IUCN World Commission on Protected Areas* (Gland, Switzerland: IUCN, 2010).

自然科学对于自然内在价值的认知贡献巨大。环境主义者和生态主义者认为人与自然是对立的，只有让人类远离自然，自然的价值才能得以保持。自然与文化的冲突和裂痕在遗产保护的价值认知上和实践中越发显现。

这一时期的自然和文化遗产保护实践，以美国及 IUCN 倡导的“荒野主义”为主导。自然保护方面偏爱关注大尺度的、纯净的无人荒野。大量荒野区的设立，人为地导致了人地分离，尤其在美国、南非、澳大利亚、加拿大等有西方殖民历史的国家，土著原住民被赶出家园，人与土地的深厚文化联系被强行割断，人类在自然中的发展史被抹杀。但即使是黄石国家公园，也无法回避其印第安人世居地的文化与自然共存的事实。文化保护则聚焦历史的、精英的、遗址性古迹，而与文化所处的整体自然环境或日常的人文环境无关，不关心当下活态的、本土的社区文化价值，使得文化遗产保护严重脱离生活。至 20 世纪 80 年代，IUCN 孤岛式的荒野保护运动遭到了全球性的激烈抗议和冷遇，印度学者称之为美国的“环境沙文主义”，英国则自称“英国没有一处土地是没有文化的”，批评“荒野保护是全球化运动中美国最大的文化输出”。自然和文化的对立，保护与社会发展的对立以及与日常生活的脱节，使得世界遗产保护事业陷入困境。

此时，“人与自然究竟应该怎么相处”“人与自然交织在一起的遗产价值如何认定”“价值认定的立足点在哪里”“这样的遗产如何进行保护”等问题，不仅是科学问题，更是哲学伦理问题、文化问题和社会问题，成为 20 世纪 80 年代中后期国际遗产保护的前沿焦点。其中，与自然紧密交织于一体的乡村景观，以及各文化族群与自然的哲学、宗教等精神性联系，正在等待着新的价值观出现。从 20 世纪 80 年代直至 1992 年，在历届的世界遗产委员会会议中，“乡村景观”“反荒野自然”一直是国际遗产保护的主战场，民主和文化多样性要求在国际遗产框架中去“欧洲价值中心论”。而中国，有着“天人合一”哲学思想和实践的东方古国，正是在 1985 年加入了《世界遗产公约》，为这场战争及时输入了东方的价值观。

3. 国际遗产保护价值观的文化转向（1992—2010年）

1992年是国际遗产保护价值实现文化转向的历史坐标点，20世纪90年代是国际遗产保护最重要的价值转向期。

1992年，在《关于保护景观和古迹之美及特色的建议书》颁布30周年、《世界遗产公约》诞生20周年、“第四届世界公园大会”之际，在各方的努力下，联合国教科文组织世界遗产中心革命性地设立了“文化景观”，将其定义为“人和自然的共同作品”。在“文化景观”概念中，人与自然是一个完整的不可分割的整体，它深刻反映了人类社会和文化与自然之间深刻的精神及物质性双向建构关系，以及人类对自然的生存和生活智慧。鲜为人知的是，世界遗产文化景观表述的是“一种在纪元初在中国诞生的人与自然的紧密关系”[①]。

1992年，IUCN实现了“文化转向”，强调自然遗产保护不是强制实行的与社会脱节的“孤岛”。1987年，IUCN在英国湖区召开景观保护研讨会，次年形成了IUCN大会决议，敦促各国政府及机构关注对“人与自然一体”的景观资源的保护。1992年IUCN出版了《陆地景观保护政策制定与计划指南》。[②]1994年，在IUCN第四次国家公园与保护大会上，IUCN进一步明晰了其1978年对保护区的定义和类别，设立了第V类陆地/海洋景观保护区，其核心思想是保护具有环境和文化价值的、人与自然相互作用的地区。1998年，IUCN在文化景观的管理和评估上实现了与世界遗产的对接，IUCN还通过景观保护区与UNESO生物圈保护区的功能进行连接[③]（在IUCN的指南中，中国风景名胜区被清晰地认定为第V类陆地/海洋景观保护区）。这是保护观念的巨大进步，IUCN不仅认识到保护自然价值的重要性，而且认识到维系与自然之间的可持续关联是人类社会面临的最艰难的挑战；保护区不能指望纸上谈兵的强制性的法律，而应该基于地区、社区对自然资源的可持续利用和基于文化传统的自然管理智慧。良好的景观既是自然的造化，也是人类的文化智慧。自然保护应该成为国家、地区及世界范围内发展计划的一部分，要造福于人民，自然资源的可持续利用对于发展中国家脱贫致富尤为重要。

---

① Peter Fowler, “World Heritage Cultural Landscapes 1992-2002: A Review and Prospect,” in *Cultural Landscape: The Challenges of Conservation* (Paris: UNESCO World Heritage Center, 2003).

② IUCN, *Guidelines for Protected Area Management Categories* (Gland, Switzerland and Cambridge, UK: IUCN, 1994).

③ Adrian Phillips (ed.), *Management Guidelines for IUCN Category V Protected Areas Protected Landscapes/Seascapes* (Gland, Switzerland and Cambridge, UK: IUCN, 2002).

20世纪90年代，“文化景观”成为UNESCO的旗舰项目，这不仅是新遗产类别，更是新的价值观，是民主呼声的最前沿。欧洲曾经的殖民地（以新西兰、澳大利亚为先锋），伸张土著人的文化权和土地权。1993年，新西兰的汤加里罗成为第一处世界遗产文化景观，自然群山对于毛利人的文化和宗教精神价值得到承认。[①]同年，澳大利亚联邦议会通过《土著土地所有权法》（Native Title Act 1993），将托雷斯海峡的默里群岛归还土著人，随后又将大批国家公园和荒野地重新归还给土地的主人——澳大利亚的原住民，澳大利亚政府郑重宣布，貌似“荒野”的土地不是“无主”的。1994年，乌卢鲁－卡塔曲塔国家公园在世界自然遗产的基础上重新提名其文化价值，承认乌卢鲁－卡塔曲塔是阿南古土著人的家园和领地。沙漠、巨石共同构成世界上最古老人类社会传统信仰体系的一部分，成为第二个世界遗产文化景观。[②]

2003年，于南非德班举办了IUCN第五次世界公园大会，参会者接纳了原住民和本土社区，强调“当务之急”（priority）是弥补以往自然保护区管理方式对当地社区的不公平待遇，保护他们的人权、社会权利以及对领土的使用权，消除贫困，呼吁利益共享。大会将自然中的原住民文化价值和生态智慧推向了高潮，第V类保护区在全球范围内受到高度关注，成为IUCN最前沿的实践示范阵地。[③]

在这一时期，国际遗产保护有四个最重要价值转向：

(1) 文化价值从关注历史的、精英文化的价值，转向关注非主流的、普通社区的、日常文化的价值；

(2) 自然价值的保护在深化自然的科学价值保护同时，充分关注自然的精神性和文化性价值，并承认文化族群的传统生态管理智慧；

(2) 遗产保护与可持续利用相结合，保护的目的转向为社会发展做贡献，与社区脱贫致富、协同发展相结合；

(4) 遗产保护的价值观，从发达国家的保护模式转向更为适应发展中国家的模式。

① Robert Wild and Christopher McLeod(eds.), *Sacred Natural Sites: Guidelines for Protected Area Managers* (Gland, Switzerland: IUCN, 2008).

② 珍妮·列农、韩锋：《澳大利亚景观保护史》，《中国园林》2016年第12期；珍妮·列农、韩锋：《乡村景观》，《中国园林》2012年第5期；海伦·阿姆斯特朗、韩锋：《景观遗产：西方的自然、精神灵性与审美》，《中国园林》2017年第1期。

③ Javier Beltrán(ed.), *Indigenous and Traditional Peoples and Protected Areas: Principles, Guidelines and Case Studies* (Gland, Switzerland and Cambridge, UK: IUCN, 2000).

4. 自然与文化携手之旅（2010 年至今）

自然和文化遗产保护的融合，是一场填补西方自然与文化的裂痕、架构自然与文化价值的认知革命，是西方文化向东方文化的伟大转向，但这也是一个漫长的旅程，至今仍在进行之中。[①]

20 世纪 90 年代起始的自然和文化的融合在进一步推进中。继联合国环境规划署（UNEP）《生物多样性公约》、UNESCO《世界文化多样性宣言》《保护非物质文化遗产公约》《保护和促进文化表达多样性公约》之后，国际社会更加认识到生物多样性和文化多样性之间不可分割的联系。UNEP 和 UNESCO 于 2010 年启动了“生物与文化多样性十年联合项目”（Joint Programme on the Links between Biological and Cultural Diversity, JP-BiCuD），包括调查亚马逊流域原住民的文化和生态管理。2014 年发表的《佛罗伦萨宣言》，重点阐述生物文化多样性（biocultural diversity）的概念以及生物多样性与文化多样性之间的关联性和整体性。UNESCO、UNEP 等各大组织积极推进基于社区传统智慧的自然保护模式。

2014 年，悉尼召开主题为“公园、人、星球——振奋人心的解决办法”的第六次世界公园大会，人与自然的议题得到进一步深化。大会强调通过文化保护，实现人与自然融合和协同发展，期望认识悠久的传统和知识、原住民和当地社区对于土地、水、自然资源和文化的集体权利和责任，倡议尊重原住民及其传统智慧和文化，寻求有效、公平的自然资源利用和管理方式，平衡人类社会和自然界的关系。

2014 年，ICOMOS 和 IUCN 在瑞士 IUCN 总部召开会议，携手设立“连接自然和文化”的实践项目（Connecting Practice Project），旨在通过对已登录的世界遗产进行研究性的合作评估，重新认识遗产地共存共融的自然和文化价值，创造性地探索世界遗产文化与自然价值评估的融合机制。2016 年在夏威夷 IUCN 世界保护大会上，UNESCO、IUCN、ICOMOS 举行了长达四天的“世界遗产和自然文化之旅”报告会和工作营。2017 年，IUCN 移步印度德里再次参加 ICOMOS 大会，发表了《“自然与文化携手之旅”的学习与承诺》（*Yatra aur Tammanah Statement*），持

① 韩锋：《世界遗产“文化自然之旅”与中国文化景观之贡献》，《中国园林》2019 年第 4 期，47-51 页。

续推进自然和文化的携手保护，大会形成的最重要的文件是ICOMOS的《关于乡村景观作为遗产的决议准则》①。乡村作为架构自然和城市的桥梁，是人与自然最广泛的生态实践区，蕴含着生态管理和土地可持续利用的传统文化智慧；目前，随着城市化进程的推进，乡村智慧和乡村景观的消失，乡村的生态和文化遗产成为全球最关注的议题。

这一时期最重要的几个价值观：

(1) 生物多样性和文化多样性同样重要，是人类社会健康、可持续发展的根本基础；
(2) 生物多样性与文化多样性高度正相关，承认文化族群在创造和管理生态物种上具有重要的贡献，大力推进自然保护地基于社区传统智慧的自然资源保护和管理模式；
(3) 乡村景观包含的自然与文化价值正式进入遗产保护领域；
(4) 遗产保护与可持续发展走向进一步融合。

5.1.2 中国风景名胜区特点及价值认知

中国在1985年加入《世界遗产公约》，为世界遗产和国际自然文化遗产保护做出了重要的贡献。1987年，中国首批六处世界遗产登录。UNESCO世界遗产中心在回顾20世纪90年代“文化转向”的报告中，多次提及了中国风景名胜区。泰山等一批中国风景名胜区的登录，给世界遗产带来了巨大的影响，注入了新的东方文化及价值观。中国风景名胜区遗产体系具有鲜明的中国特色，对国际遗产保护有重大贡献，是国际自然和文化多样性价值的重要承载区和生态文明建设的实践区。中国风景名胜区具有鲜明的特征和独特的价值。②

第一，风景名胜区是具有中国特色的保护地类型。以自然为基底的中国风景名胜区反映了中国文化与自然之间长期而深刻的双向建构关系，是中国传统人文主义自然观和中华民族“天人合一”东方哲学思想之宇宙观、价值观、审美观的实践典范。其价值特征具有与自然高度相关的文

① ICOMOS, “ICOMOS-IFLA Principles Concerning Rural Landscapes as Heritage”, GA 2017 6-3-1–Doctrinal Texts, 2017, https://www.icomos.org/images/DOCUMENTS/Charters/GA2017_6-3-1_RuralLandscapesPrinciples_EN_adopted-15122017.pdf.

② 韩锋：《世界遗产“文化自然之旅”与中国文化景观之贡献》，《中国园林》2019年第4期，47-51页；韩锋：《亚洲文化景观在世界遗产中的崛起及中国对策》，《中国园林》2013年第11期，5-8页；韩锋：《探索前行中的文化景观》，《中国园林》2012年第5期，5-9页；韩锋：《文化景观：填补自然和文化之间的空白》，《中国园林》2010年第9期，7-11页；韩锋：《世界遗产文化景观及其国际新动向》，《中国园林》2007年第11期，18-21页。

化性、伦理性、政治性、艺术性、活态性特点。这种东方的价值观，文化与自然深刻作用、人与自然和谐共生的遗产价值，是中国风景名胜区对国际遗产保护最重要的价值贡献，也是国际保护地体系及世界遗产的重要组成部分。

第二，风景名胜区是杰出的自然和文化遗产保护系统。风景名胜区是以优美生态环境为基础的，自然与文化高度融合为特色，保护了国家弥足珍贵的自然遗产和丰富灿烂的文化遗产。中国的风景名胜区不仅是国家遗产，而且是世界遗产和国际保护地的重要组成部分，现今中国约有三分之二的自然和文化世界遗产来自于风景名胜区体系。

第三，中国风景名胜区具有丰富多样的乡村景观遗产和民族文化多样性。中国是农业文明古国，农业文明也是中国自然观的基础。中国人口众多，生态环境优美的中国风景名胜区，分布着数量众多的乡村聚落，也是各民族的聚居地。丰富优美的乡村景观，以及各民族对自然资源的传统生态智慧，是风景名胜区人地共荣的宝贵遗产。

第四，中国风景名胜区保护与管理具有“五位一体”的特征。中国的风景名胜区不是无人区，它们承载了中国自然和文化历史价值，突出体现了中国国情及其社会经济发展状况，是集社会、政治、经济、生态、文化“五位一体”的复杂综合体。遗产地在承担遗产保护职责的同时，肩负着遗产可持续利用、社会发展共荣的责任，是发展中国家遗产地的典型代表，与发达国家的世界遗产保护特征存在着一定的差异。

5.1.3　以中国风景名胜区为基底的武陵源遗产地价值

国际世界遗产保护的理论和实践明确指出，世界遗产“突出普遍价值”并不能覆盖和替代其他层次以及其他类型的价值，OUV 以区域价值、国家价值、地区价值以及地方价值为基础，是其中最突出的、超越国界的、具有普世价值的那一小部分。在所有世界遗产地，一个完整的遗产价值体系是由世界遗产、国家遗产、地方遗产共同组成的。

1990 年登录的武陵源世界自然遗产，是以武陵源风景名胜区为基础申报的。作为国家级风景名胜区，武陵源的自然价值和文化价值均具有国家代表性。遗产地资源价值的多层次性、保护管理的社会复杂性，充分反映了中国风景名胜区的特点。以此来考察武陵源世界遗产地重要遗产价值及资源对象，它就不仅仅是自然遗产，在具有自然价值之外还兼具文化价值，以及以土家族为代表的多民族文化社会系统，由此也就产生了在保护和发展中“五位一体”的总体要求。现状的遗产价值认知误区、管理和发展的矛盾，究其实质是对武陵源遗产地的价值体系缺乏全面的认知。

武陵源世界自然遗产 OUV 的美学价值不仅与自然科学价值息息相关，还与以向王天子为主题的兵战历史文化、以土家族为代表的多民族和田园文化密切相关。此外，武陵源还拥有土地革命战争时期所形成的红色文化等丰富的文化内涵以及文化景观。这些文化遗产价值及其物质载体是武陵源作为中国国家级风景名胜区的重要组成部分，彰显着武陵源独特的风景精神，是武陵源自然遗产地的人文根基。虽未能直接反映在世界遗产的国际价值之中，但从调研中可以看出，这些历史文化价值已经浸润在遗产地的社区以及各利益相关者的意识之中，应该作为武陵源世界遗产地价值完整性和多样性的有机组成纳入保护体系。

第一，武陵源有悠久的人文历史。遗产地及其外围发现旧石器时代的文物及遗址八处，张家界市澧水岸边台地上发现战国时期石器即陶制器皿等文物及古城堤，蒋家坪太平村发现的秦始皇二十六年时的慈姑县治遗址等，反映了该区丰富的古代文化遗存。遗产地内部分村落有如“军地坪”等地名，几乎所有主要峡谷和峰林都有文化命名，且大都与向王天子的征战传说有关，是中国古代军屯边防驻守格局和政治的见证，为欣赏其地质景观提供了独特的文化和审美视角，具有重要的、中国特征的关联性文化价值。天子庙、龙凤庵、兴国寺梅花殿、朝天观等古建筑，结构严谨，造型美观，反映了地区独特的宗教文化及建筑艺术。

第二，武陵源有丰富的民族文化和秀美和谐的田园风光。武陵源区人口 5.55 万人。在风景如画的自然仙境中，生活着土家族、白族、苗族、回族、侗族、瑶族、蒙古族、维吾尔族、汉族等 14 个民族。少数民族人口占总人口的 90% 以上，其中以土家族为主，创造了丰富多彩的极具代表性的乡村文化景观，如“土家村寨”“空中田园”“天子御茶园”等。大量风物，如节庆活动、传统饮食、地方歌舞、神话传说等世代传承，是武陵源重要的活态民族文化遗产。各民族管理和持续利用武陵源自然资源的能力，更是宝贵的生态智慧。武陵源也见证了多民族的文化交流，以及各民族在自然中的生存和生活智慧。在《武陵源申报世界自然遗产文本》中，“秀美和谐的田园风光”是武陵源重要的美学价值①：

> 武陵源秀美和谐，淡雅宁静的田园风光共有 7 处，最佳构景之处要算沙坪田园风光。沙坪田园前，索溪与百丈溪抱流，田园平缓上升，直到与如画如屏的峰峦相互衔接融为一体。田园之中，村宅点缀，绿树四合，翠竹依依，朝夕炊烟弥漫升腾，景致淡雅恬适。田野风光又因四时农作物不同而变化多彩，创造出一种具有浓烈抒情氛围的田园乐章，令人陶醉。

第三，武陵源有著名的红色苏区文化。20 世纪 30 年代土地革命战争时期，工农红军和中国人民在武陵源留下了大量革命遗迹，形成了重要的红色文化遗产。武陵源位于大庸县、桑植县、慈利县三个苏区县交界中心地位，是全国三大标准模范苏区之一的湘鄂西（边）、湘鄂川黔苏区的腹地和前沿。湘鄂西（边）、湘鄂川黔革命根据地时期，武陵源建有严密的苏维埃政府。其中，有一个区苏维埃和四个乡苏维埃，存在时间超过 2 年，有效管理 50% 以上的区域和人口，在 56% 的地域开展了土地革命，在全区域开展了打土豪、分财产以及武装斗争，部分区域坚持了八年之久。武陵源苏区为中国革命的胜利做出了巨大贡献和重大牺牲。遗产地内的“贺龙公园革命纪念公园”正是武陵源人民铭记这段历史的见证。

① 中华人民共和国建设部：《武陵源申报世界自然遗产文本》，1991，第 92 页。

5.2

武陵源 WH+ST 项目发展策略

从以上世界自然遗产保护价值观的转变中可以看到，UNESCO、IUCN、UNEP 等国际组织均积极推进在世界自然遗产地的社区协同，在保护自然资源的同时促进社区经济的可持续发展。WH+ST 项目明确提出可持续旅游是传播世界遗产价值的桥梁，应当成为促进地方社会、社区经济发展的引擎。2009 年，UNEP 发布的《生物文化社区协议》[①]，同样提倡基于社区传统智慧的自然资源管理，并且指出自然资源的可持续利用管理是社区发展的根本获益途径。

由此可见，在当今世界自然遗产地的管理中，在认知保护自然价值的同时，需充分认识社区价值，发挥社区主动参与的积极性，并且确保社区能够从世界遗产旅游发展中获益。在自然遗产地尊重当地社区文化传统、鼓励小规模聚落以及基于社区传统智慧的自然保护模式，鼓励遗产经济、社区参与、社区获益、协同的可持续发展。这种转变趋势基于内在价值转向，符合中国悠久的自然文化历史，符合武陵源以风景名胜区为价值基质的自然遗产特点，可以据此厘清武陵源遗产地多层次的国际的、中国的以及地方的价值体系；以自然与文化整体保护方法协调自然保护与社区文化传承和发展的矛盾；将更全面的自然和文化遗产价值融入遗产旅游的解说、展示、传播和高品质的旅游体验中。同时，基于中国国情的武陵源世界遗产试点项目，可以在此国际最前沿贡献中国的传统智慧与实践示范。

遗产地存在的世界遗产 OUV 认知缺失问题，不能简单地归咎于遗产地管理水平或者大众游客审美趣味的问题。其中重要原因在于世界遗产缺乏与社会沟通、向公众解说的能力。世界遗产价值孤索离群，公众传媒中的“突出普遍价值”显得抽象而高深，“遗产的突出普遍价值只能被超级专家所理解”[②]。管理者的保护对象、公众的欣赏对象与遗产价值之间难以建立联系。我们没有以公众喜闻乐见的方式说清楚这些遗产为什么有如此重要的超越个人、社区、地区甚至国家的价值，为什么它们是全人类的财富而值得悉心保护。这些价值的具体物象是什么？要怎么欣赏？个人、社会要怎么做才能保护？对这些问题的回答如果缺乏社会普及，保护政策和措施就没有说服力，现实就会远离预定目标。遗产保护仅有愿望是不够的，仅靠管制是不可持续的。

---

① Natural Justice, UNEP, *Bio-cultural Community Protocols* (Nairobi, Kenya: UNEP, 2019).

② WHC, *Evaluation of the Global Strategy and the PACT Initiative*, WHC-11/18.GA/8 (Paris: UNESCO, 2011), p.4.

《世界遗产公约》的公信力在于整个世界遗产体系的核心质量或价值，是聚焦保护、提高认识、吸收各界参与、提高能力、高效率有成效地履行世界遗产价值职能的结果。世界遗产体系既包括《世界遗产公约》规定的核心活动，也包括相应的各项合作及实施活动，[①]是一个全民参与、全民受惠的体系。世界遗产不但需要研究鉴别和保护管理的专业技术能力，更需要卓越的沟通能力、传播能力，才能将遗产知识传播至每一个利益相关者，在全社会范围内建立遗产保护创新伙伴关系，才能达成价值共识，目标趋同，利益共享，实现福泽全人类的目标。

综合武陵源世界遗产地发展历史与国情，针对武陵源世界遗产保护以及可持续旅游存在的症结问题，借鉴国际自然遗产保护管理及可持续发展的理念和方法，制定以下武陵源世界遗产 WH+ST 发展策略。

1. 加强宣传与培训，全面提升社会各界对武陵源世界遗产 OUV 及其载体的认知

武陵源世界自然遗产 OUV 是遗产地的核心价值；价值的载体，是遗产价值完整性的保护对象；价值与载体，是遗产地保护与管理的目标和对象。武陵源世界遗产价值的认知、保护与管理，是其可持续旅游和社会发展的根本。具体途径有：

第一，定期组织遗产地专业培训和讲座，宣传世界遗产、武陵源世界遗产 OUV 及其保护管理知识，提升世界遗产专业知识。

第二，加强世界遗产的解说、展示和科普教育。建立武陵源世界遗产官方网站，规范世界遗产宣传及解说信息；完善武陵源世界地质公园博物馆设施；建立游客中心，向游客全面解说武陵源世界自然遗产、世界地质公园的价值和相关科学知识；加强对游客、中小学生、社区居民的遗产科普教育，通过摄影、绘画、写作、讲故事等多种方式，普及武陵源地质地貌、河流水系、珍稀动植物等 OUV 载体。

---

① WHC, *Future of the "World Heritage Convention"*, WHC-11/18. GA/11 (Paris: UNESCO,2011), p.6.

第三，规范武陵源世界遗产的导游资质及解说管理。对遗产地导游进行全员培训，建立遗产地导游准入门槛制度，逐步实现遗产地导游持证上岗；规范导游解说词，整顿导览宣传。

第四，鼓励开发与武陵源世界遗产 OUV 相关联的创意文化产品，促进遗产价值传播。

第五，提升遗产地的智慧解说和数字展示能力。利用武陵源智慧景区发展优势，完善各景点价值解说的数字信息，对 OUV 及其地质地貌、水文系统、生态系统载体的演进史进行解说、展示，提供获取官方文字及视频解说信息的扫码。

2. 加强调查与研究，总结中国国情下的武陵源世界遗产地多层次遗产价值体系

武陵源世界遗产是武陵源保护的核心价值和资源对象。在保护武陵源国际价值的同时，必须脚踏实地地保护好武陵源的国家、地区及地方价值，使二者相互支撑，使世界遗产保护能在中国接地气。中国地少人多，五千年文明人类足迹遍布大自然，因此，在保护自然的同时，要尊重人民群众创造的历史，尊重在自然中生活的人民，保护地方社区的发展权益，做到自然和文化保护两手抓。武陵源遗产地当前对历史文化、社区传统、文化多样性以及文化景观的研究、认知和保护非常薄弱，造成人与自然的对立、保护与发展的对立，应采取以下途径改进：

第一，加强理论学习，提高遗产价值识别能力。立足中国本土“天人合一”的环境哲学观，并学习国际先进的自然遗产地保护经验，学习国际“自然与文化携手之旅”的保护方法。

第二，加强遗产地研究能力，开展系统、扎实的自然和文化遗产资源调查，确保遗产地价值识别的全面性和完整性。建立多层次的价值保护体系，保护武陵源世界自然遗产 OUV、历史文化价值、多民族文化及乡村文化景观。总结多民族社区管理自然资源的传统经验和生态智慧，从价值观上确立遗产地社区的文化自信，奠定遗产地保护和社区协同发展的基石，探索以利益相关者多方参与的遗产保护和可持续发展路径。

第三，加强对中国国情和历史的研究，探索中国自然保护的理论和道路。中国作为农业文明大国，具有五千年的发展历史。自然是中国各民族赖以生存和生活的土壤，是中国文化的基石，与西方对自然的文化认知有着鲜明的差异。中国是人类命运共同体以及人与自然命运共同体的一员，有责任科学地保护自然，也有责任保护与自然关联的文化，在国际自然保护中引领具有中国智慧的“自然与文化携手之旅”。

3. 基于完整清晰的遗产价值认知，多规合一，提升遗产地保护与管理水平

历年来，武陵源遗产地因缺乏系统性的价值认知，管理部门繁多，保护对象各异，从属纵向条块管理，缺乏横向沟通，管理政策、边界相互重叠矛盾。当下，国家成立了自然资源部，更加重视保护自然资源和突出强调统一协调的管理理念；以中国国家公园为主体的中国自然保护建设，以及国土空间规划改革顶层设计的落地，正是理顺、整合武陵源世界遗产地现有世界遗产、世界地质公园、风景名胜区、自然保护区等保护与管理体系的契机；在全面厘清武陵源世界遗产地多层次遗产价值体系的基础上，探索多规合一，实施“一张蓝图绘到底”，提升遗产地保护与管理水平。具体途径包括：

第一，在国家部门调整背景下进一步理顺遗产地保护管理体制和管理机构。贯彻落实国家自然资源部的方针政策和决策部署，在确立以武陵源世界遗产 OUV 为核心的多层次遗产价值保护体系的基础上，以遗产保护和社会发展为目标，明确张家界市和武陵源区的权责分工，创立管理机构之间的协调机制，整合现有管理机构，明确机构职能、职责及管理对象；理顺相关区直单位与张管局（资源保护科、法制协风景名胜区科）的关系。

第二，统一协调政策法规，建立武陵源世界遗产 OUV 保护管理政策法规体系。结合国际、国内遗产保护的政策发展，针对武陵源世界遗产地多层次遗产价值及其资源对象，重点统一协调风景名胜区、森林公园、地质公园、自然保护区的政策法规，适时修订《湖南省武陵源世界自然遗产保护条例》。

第三，结合武陵源管理机构及保护体系的试点，对接国土空间规划改革，以“多规合一”的空间体系规划为基础，评估和修订《武陵源风景名胜区总体规划（2005—2020）》。以遗产资源价值保护为基础，科学协调《武陵源世界自然遗产保护规划》与《张家界世界地质公园地质遗迹保护规划》《生态红线规划》《张家界市武陵源区林地保护利用规划》《武陵源生态区建设规划》《大鲵保护规划》，以及各乡镇土地利用规划、各乡镇村庄规划的保护边界、保护分区及发展利用的关系，整合各类规划数据，搭建“多规合一”的遗产地信息共享平台，统筹遗产地的规划管理与保护发展。

4. 推动以遗产价值的保护、解说、传播、体验为核心内容的可持续旅游

目前武陵源遗产地开展的大众观光型旅游解说内容、旅游线路、旅游体验产品，大都缺乏与遗产价值的关联性，旅游产品缺乏含金量，不利于遗产价值的保护教育、价值传播和高品质的遗产体验，不利于武陵源世界遗产地旅游品牌的树立。当下，武陵源遗产地尤其需要基于对遗产价值及其载体的深度理解开展可持续旅游。

第一，加强与旅游业界的协同，发展可持续遗产旅游线路产品。遗产旅游是以遗产教育、遗产价值传播、遗产对象展示和高品质的遗产体验为核心内容的主题旅游。遗产价值是解说的核心内容，旅游线路要围绕价值的解说主题，充分展示价值的载体。全面调查武陵源自然和人文价值及其空间分布，组织游赏线路，完整展示武陵源自然和文化遗产价值。

第二，根据资源特质，通过组合不同的遗产价值主题，提供丰富的游憩机会和深度的游憩体验。不同的遗产因其资源特质，社会生态环境容量各不相同，游憩机会也因此而异。生态敏感、地形复杂的保护区域不适合高密度的观光旅游，更适合深度的、小规模的徒步生态旅游。不同地形的地质地貌景观及生态景观的深度感知和观赏，也应区别于大众观光型。社区居民点及村庄则能为游客深度体验乡村景观提供最良好的基地。

第三，优化旅游收入分配，鼓励协同发展，共享遗产地利益。旅游收入是武陵源遗产地重要的收入来源，是遗产保护回赠给遗产地的公共福利，应由武陵源全体利益相关者公平享用。应优化门票和资源有偿使用费的收入分配机制，制定从分配决策、审批程序、上缴、下拨、监管的各项环节细则。加强利益相关者的决策参与，使之了解收入分配的主要目的和用途，公开细则内容并欢迎各方予以监督。同时，鼓励构建遗产保护专项基金，开拓多途径的资金来源，为遗产保护与管理提供资金保障。

在游览线路设计时充分考虑线路、游览设施布局、游赏需求、游赏项目组织的差异性、游赏体验的差异化和完整性、游客容量、游览设施、居民点等内容。游览线路应多样化，吸引不同游客，增加旅游收入。通过开发民俗风情、乡村休闲等深度体验项目，发挥好旅游的带动作用，为地方居民、企业带来更活跃的经济市场，刺激地方商业、服务业及农业的发展。

5.鼓励和保障武陵源社区参与遗产保护及可持续旅游发展

第一，在遗产价值体系中充分考虑社区的历史文化价值以及乡村文化景观，重新认识社区价值。掌握国际动向，领会联合国教科文组织对自然遗产保护的最新要求，保护自然遗产地的小聚落社区及其传统自然资源管理智慧和乡村景观。在自然遗产地的管理中识别、保护生物与文化多样性的连续过程，将社区视为遗产地的有机组成部分，改变人与自然敌对的价值观，增强社区文化自信，融洽遗产地社会关系。

第二，根据遗产价值、资源特质及其分布状况，科学合理优化社区空间布局，鼓励以社区为基础的自然资源保护与可持续旅游。根据自然资源的生态敏感性，以及社区发展对自然资源利用的可持续性，科学制定居民点调控空间规划。居民调控充分考虑自然资源的保护、文化传统的延续，结合旅游线路设计、旅游设施的空间布局，使居民点的分布与乡村景观的体验、旅游服务的供给融合镶嵌，增加社区参与遗产保护和旅游产业的机会。

第三，引导社区产业经济，增加旅游附加值，促进遗产地旅游经济的可持续发展。根据资源特征、现状基础及其区位，分别以保护、利用、开发等为导向，做到生态、业态、形态、文态“四位一体”，保护乡村景观遗产与乡村振兴相互促进。建立产业发展体系，促进农业向“农业＋旅游业”“农业＋互联网”经济转型，增加遗产地产品的附加值，提高遗产地农村经济收入。打造一批基地和特色遗产地旅游农副产品。按照调控、管理、建设一体化的要求，做好微观层面的产品和业态项目策划以及宏观层面的基地、产业单元、产业带落地规划。

第四，深入社区挖潜，创建武陵源多民族文化的创意文化产品。武陵源世界遗产地拥有丰富多彩的多民族物质与非物质文化，如土家织锦、饮食文化、民间歌舞等，具有鲜明的遗产地特征，是遗产地旅游创意产品的重要文化源泉，应当加以鼓励、组织和培训，将遗产地的文化解说和文化传播贯穿于旅游的发展之中。

第五，搭建利益相关者协同平台，为社区居民创造就业机会，开展多种形式的合作旅游经济，促进社会健康发展。政府应结合旅游经济的发展，制定居民就业发展计划。提供政策红利，做好在地就业培训机会，鼓励居民自主创业、参与新兴产业等。对于因遗产保护需要而搬迁的社区居民，政府应做好搬迁补偿和安置工作，积极引导和安排居民在遗产地的旅游再就业。提供居民参加遗产地保护就业岗位，鼓励居民参与遗产地的解说、导览和服务，传递文化传统，增强文化自信。

第六，加强国际沟通，传递中国国情和价值，学习国际先进经验，落实联合国教科文世界遗产管理政策，树立国际形象。

作为联合国教科文组织高度关注的世界遗产地，武陵源世界遗产的保护状况，既有中国国情的特殊因素，又有对国际政策、国际前沿动态不够了解的原因。因此，必须“走出去，请进来”，积极、主动加强与国际的沟通。“走出去”让世界了解中国国情、中国自然遗产地的复杂社会状况及其保护与发展的具体矛盾和困难，以及中国政府为保护世界遗产所做出的巨大努力和贡献；“请进来”国际组织，创造遗产地与之对话的机会，从而了解世界遗产的发展动向及保护管理政策，消除政策理解上的误区，学习国际遗产地管理的先进经验。通过 WH+ST 试点项目，逐步消除武陵源世界遗产的国际消极影响，树立开放、坦诚、虚心、努力、负责任的大国形象和遗产地形象，体现中国政府履行《世界遗产公约》的庄严承诺。

5.3 武陵源 WH+ST 项目示范行动

1. 组织武陵源世界遗产能力培训，宣贯世界遗产与可持续旅游方法，提升遗产地对 OUV 的认知，促进遗产保护与可持续发展

在武陵源 WH+ST 试点项目的两年时间里，针对调查中所发现的遗产地对世界遗产、武陵源世界遗产 OUV 及遗产保护和管理知识的匮乏，以及由于对遗产价值缺乏理解而造成的保护管理问题、旅游产品与遗产价值脱节问题和保护与发展问题，为使更多遗产地利益相关者受益，项目组在全区范围内开办世界遗产保护与管理现场培训班，并深入各基层单位和乡村社区，宣贯世界遗产及其保护政策，宣传武陵源世界遗产价值。不同形式的培训和宣贯取得了理想效果，增强了各利益相关者对世界遗产价值及其保护和管理要求的认识。通过能力提升建设，激发了各利益相关者的遗产地主人翁精神，把原本只属于政府的遗产保护职能转化为每个利益相关者群体和每个武陵源人都关心的议题。遗产地各级政府和领导给予了极大的支持,并以十分积极的态度做出了实质性努力,取得了显著效果。

2017 年 9 月 4—6 日，项目组联合亚太遗产中心（上海）和武陵源区政府，开办为期三天的“武陵源世界自然遗产能力建设培训暨武陵源区委学习中心组第五次集中（扩大）学习班”和工作营。湖南省省委省政府、张家界市市委市政府、武陵源区政府给予了高度重视和大力支持。武陵源区党委副书记向绪杰主持培训会，湖南省世界遗产与风景名胜保护研究中心张慧主任、湖南省风景名胜区协会秘书长刘英女士，时任张家界市常委、市人民政府党组副书记、常务副市长罗智斌，出席会议并听取了培训报告。武陵源全区各级领导及乡镇干部、社区居民代表共 209 人参加了培训（图 5-1）。这是我国迄今为止在世界遗产地举办的规模最大、为期最长的现场专题培训会。

培训内容围绕武陵源 WH+ST 试点“世界遗产突出普遍价值与可持续旅游”和“世界遗产地旅游与社区可持续发展及保护”两个专题内容展开。项目组组长、国家林草局世界遗产专家委员会专家委员、同济大学教授韩锋的培训报告“世界遗产的发展及国际前沿”以及“世界遗产与可持续旅游”，为参与者详细讲解了世界遗产的基本概念、发展历程、价值标准、保护范式以及当今世界自然遗产保护的国际前沿理念和方法；介绍了联合国教科文组织“世界遗产与可持续旅游”项目的背景、重点、目标以及工作方法。项目组专家、国家林草局世界遗产专家委员会专家委员、贵州师范大学副教授肖时珍就“武陵源世界自然遗产 OUV 及其载体”做了详细的解读和阐述，为遗产地厘清了武陵源世界遗产的价值重点、保护对象以及管理目标，传递了世界遗产委员会对武陵源提出的保护要求，以及中国政府在世界遗产管理和规划中应履行的职责。项目组顾问、原国家旅游局司长、旅游经济专家肖潜辉教授，以武陵源世界遗产 OUV 保护、解说、传播和体验为核心，讲授了“武陵源世界遗产可持续旅游”的方法与策略，强调了基于遗产价值深度理解的武陵源旅游管理运营、市场定位、旅游产品升级和提升。贵州师范大学乡村经济专家但文红教授的“武陵源世界遗产可持续旅游与社区发展”，通过国内外社区参与可持续旅游的丰富案例介绍，强调了调动遗产地社区居民积极性、保障遗产地社区发展权益的重要性，以及遗产地社区参与遗产保护、发展社区经济的可持续路径。

培训会强调，武陵源世界遗产保护与可持续发展不是一个部门的职责，而是武陵源区所有利益相关者都应当分担的责任。培训会之后的工作营，由武陵源区政府直属管理部门、旅游经营管理及从业人员、乡镇干部及

图 5-1
武陵源 WH+ST 项目培训
工作营现场

各村代表组成研讨小组，充分发挥各利益相关者的主体能动性，从各主体的认知角度总结武陵源在保护与可持续旅游中存在的问题，提出解决问题的方法与途径。工作营共收集总结了 33 条重要意见和建议，覆盖遗产价值认识、保护与管理、旅游与社区协同发展三个方面（图 5-2）。

培训会和工作营的影响十分显著，成功地普及了世界遗产知识，调动了各利益相关者的积极性，扭转了“世界遗产保护只是分管领导和分管部门的责任”的传统认识，使世界遗产变成所有利益相关者摸得着、看得见的真实的遗产。唤醒了各利益相关者的遗产地主人翁意识，使他们认识到自身是价值分享和责任分担利益共同体。与会者纷纷表示，这是他们第一次能够有机会积极表达自己的意见和建议，也更好地理解了世界遗产与社会发展的关系，表示愿意共同参与遗产地的保护与管理。

图 5-2
培训工作营小组讨论笔记

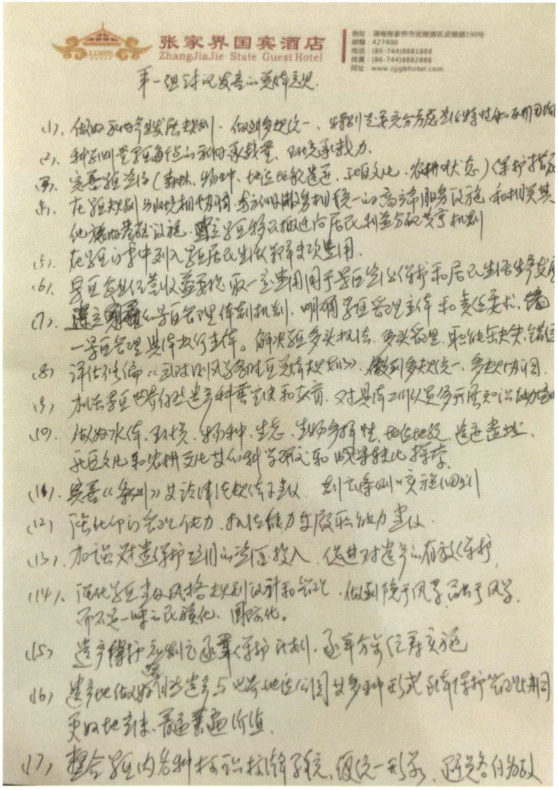

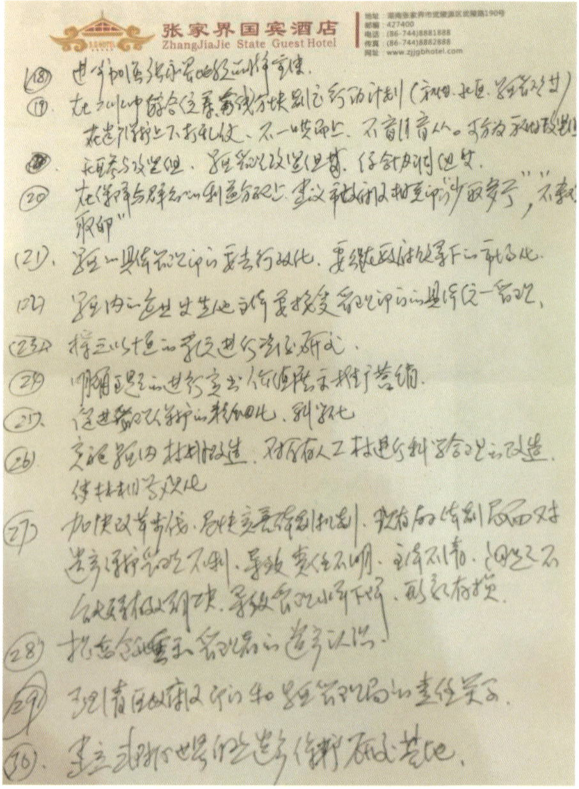

培训会后，各乡镇街道领导积极提交了对所管理辖区发展的想法和建议，其中，协同遗产地自然环境、产业、文化及社区大力发展旅游和修编“05 总规”的诉求表达最为集中（表 5-1）。

表 5-1 各乡镇街道提出的自身发展建议

乡镇街道	建议
军地坪街道	* 加快集聚地居民棚户区改造（宝峰路社区、画卷路社区、吴家峪社区的棚改项目）； * 加快空白地旅游开发； * 在结合“六城同创”工作的基础上，通过完善城市休憩功能、提升城市内涵，实现城区内提质发展
锣鼓塔街道	* 按照“一轴两翼三中心四区”的空间布局，策划游客集散中心、养生服务中心和文化中心和旅游功能区； * 在风景区总体规划修编时考虑一定发展空间，平衡保护与开发，促进绿色发展； * 发展高端养生旅游，打造“旅游 + 养生”融合的四种高端旅游模式：养老避暑游、田园健身游、民俗养生游以及森林康体游； * 需要加大高端养生旅游区项目策划、包装和推介力度，加快项目落地实施； * 建设高端养生旅游服务区需要先行布局，明晰发展方向和思路，按照规划稳步推进；仍需解决供水及生态补水问题、提质市政设施、构建完善慢行旅游系统； * 闲置资产需要重新规划包装定位，使其重发生机活力
索溪峪街道	* 继续抓好精准扶贫工作，铺排、抓好扶贫统筹整合资金项目，让农户通过经营、租赁、入股等形式获得收益，进一步加强基层组织经济活力； * 实施龙阳公路、张清公路、军地坪社区环卫一体化建设等生态修复和环境综合整治项目； * 找准定位促进城乡融合，将辖区定位为武陵源区旅游后勤保障服务基地，大力培育服务产业，同时结合种植业发展特色乡村旅游产业； * 加强山区村整体规划，做好控违拆违工作； * 建立健全环境保护综合协调机制，坚决打好污染防治攻坚战
中湖乡	* 抓好集镇建设，打造中湖特色。高标准编制集镇整体规划，高要求做好街道风貌改造，扩充集镇范围，完善基础设施建设，对外招商筹集集镇建设资金； * 发展乡村旅游，实施乡村振兴，促进全面发展。打造中湖乡作为武陵源乡村旅游示范点，打造野溪铺乡村旅游示范点，提高乡村旅游服务能力；并以点带面，逐步推开； * 坚持“旅游 + 农业”“旅游 + 文化”发展，提高旅游竞争力，继续扶持“鱼泉贡米”这一品牌，加大对特色种养殖产业的扶持，充分利用当地特有的农家气氛及农事活动，推出具有知识性和乐趣性的农家旅游活动项目

续表

乡镇街道	建议
天子山街道	* 促进天子山民族旅游特色小镇建设，合理规划用地规模和开发建设土地资源，落实“生态优先、保护第一，协调推进、全域发展，国际标准、本土特色”的原则； * 合理规划项目定位，合理利用风景名胜资源，严格控制建设区的范围和开发建设力度，在加强风景名胜区内的景观和自然环境保护的同时，建好民生项目； * 合理规划基础设施，切实做好天子山相关基础设施用地规划布局，并纳入整体规划统筹考虑，严格按照规划建设发展；合理规划通行线路，包括内部和外部通行线路，努力打破道路交通瓶颈
协合乡	* 将协合乡的总体定位由旅游后勤服务基地向张家界国际乡村旅游度假区、张家界协合康养小镇、武陵源协合新城转变，作为武陵源新城来开发，将 S248 延伸线连接至张家界高速公路，在协合乡设置游客集散中心；在保护遗产的同时，带动协合乡发展； * 建设协合集镇，规划建设武陵源文化创意商品产业区；合理划分土地性质，调整协合集镇土地性质，确保协合乡村旅游休闲小镇建设所需用地指标； * 调整区域定位，将龙尾巴、黄家坪等萎缩区调整为乡村旅游发展区，宝峰山缓冲区调整为建设区并定位为国际休闲旅游度假区，协合、李家岗、杨家坪规划为乡村旅游度假区； * 调整门票站位置，启动门票站内居民整体搬迁工作，解决自然村被人为割裂为“一村两制”并激发矛盾的问题； * 进一步探索遗产保护与社区协同发展的新路子，在龙尾巴、黄家坪、插旗峪等村居规划乡村旅游服务配套设施建设； * 合理设定建设规模，控制标准，满足现存建房行为和发展需求； * 为各村居打造不同发展思路：李家岗村、杨家坪村建设成为田园综合体、农业科技示范园的核心区，协合村建设成为乡村旅游康养小镇，插旗峪居委会打造以梯田、茶文化为主题的乡村旅游度假村，黄家坪村打造以茶文化为主题的乡村旅游度假村，龙尾巴居委会打造以年味文化为主题的国际社区

2. 深入遗产社区走访调查，系统研究武陵源遗产地自然和文化价值多样性，架构武陵源国际、国家和地方多层次遗产价值体系

培训与工作营的成功给项目组创造了极好的后续工作条件和机会。尤其是国际世界遗产保护前沿的“自然与文化”“遗产保护与社区发展携手同行”等理念深入人心，扭转了区领导及其他利益相关者的保护观念。区政府领导、各乡镇领导和社区居民纷纷主动邀请、带领工作组深入社区，向工作组展示了武陵源遗产地土家织锦、鱼泉贡米、社区传统民俗文化、农业景观以及自然资源管理智慧等（图 5-3—图 5-10）。

图 5-3

武陵源非物质文化遗产：土家织锦

图 5-4

武陵源土家族传统饮食：三下锅

图 5-5

黄家坪村茶园

图 5-6
鱼泉峪村乡村景观

图 5-7
泉峪村“鱼泉贡米”
丰收景象

图 5-8
协合乡黄家坪村茶园景观

图 5-9
协合乡“和田居”荷塘景观

图 5-10
协合乡龙尾巴村野生蜂蜜
采集

项目组经过走访座谈及实地考察，对武陵源历史文化、民俗文化、乡村文化景观、土地生态智慧进行了系统调查、梳理和总结，重新识别与评估武陵源自然遗产地的文化价值。文化资源调查结果由原来规划管理的两类 15 处人文资源扩展到三大类 185 处文化景观，另有 69 项非物质文化遗产及一批非物质文化传承人（图 5-11）。项目组极大地丰富了遗产地各利益相关者对武陵源遗产地自然和文化价值的关联性认知，建立了武陵源世界自然遗产地遗产资源保护与社区文化的关联性；从价值根本上为遗产地社区确立了文化自信，激发了社区作为遗产地主人翁的保护与管理参与意识，奠定了遗产地保护与社区协同发展的基石；同时，为遗产旅游的价值解说和体验增加了丰富的文化和社会内涵。

项目组对武陵源自然遗产地存在的丰富的民族文化、历史文化以及乡村文化景观的研究和梳理，是对中国历史和国情下的自然遗产地及风景名胜区特征的进一步考察和提炼，是对当前国际世界遗产保护前沿“自然与

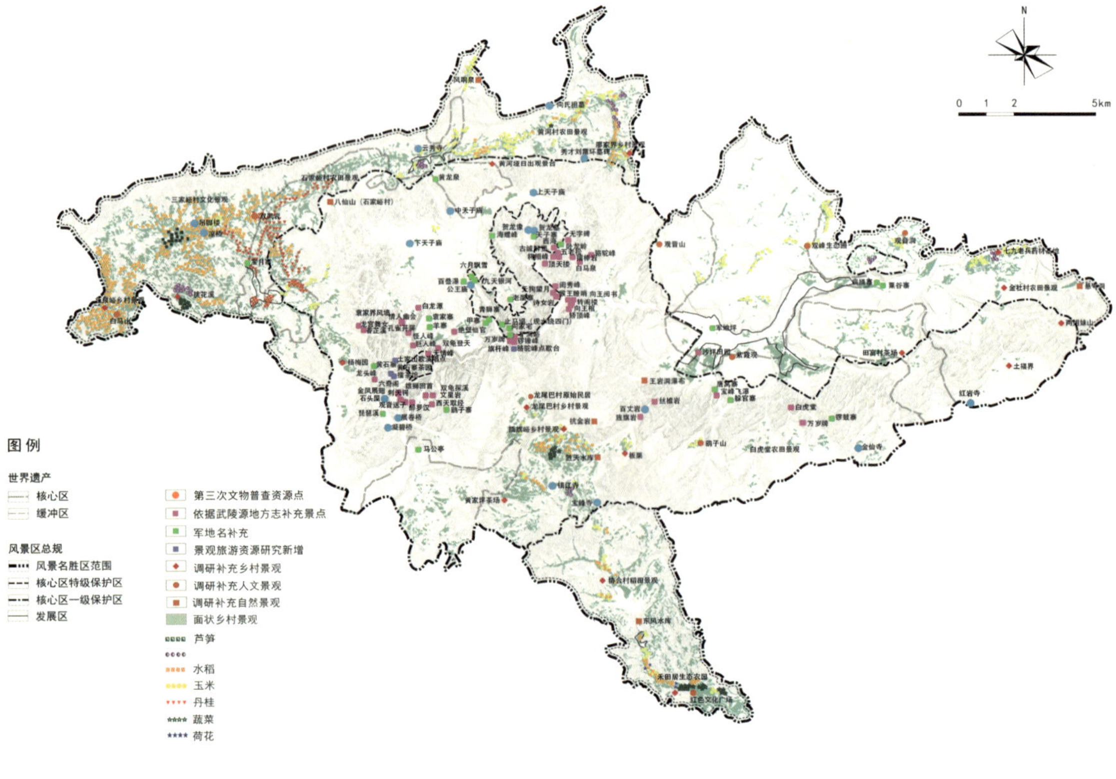

图 5-11
武陵源人文资源及特色农业景观分布

韩锋等:《“05 总规”实施评估报告》（初稿），2019。

文化”融合发展理念的中国贡献和实践支持；同时，也是推进国际遗产组织关于自然遗产地的乡村聚落保护以及实施国际《乡村景观遗产保护准则》文件的良机。中国自然遗产地价值体系的研究，对于建立中国自然保护地的文化自信、走出道路自信，实现“五位一体”全面发展具有重要意义。

3. 科学规划、“多规合一”，启动《武陵源风景名胜区总体规划（2005—2020 年）实施评估》和修编工作，遗产地保护与管理水平得到显著提升

武陵源世界遗产和世界地质公园是以武陵源风景名胜区为依托申报的世界遗产，国务院批复的“05 总规”是武陵源遗产地当前保护与管理的纲领性文件。风景名胜区总体规划内容广泛，涵盖了遗产地发展的方方面面，不仅仅在于自然、文化资源的保护与培育、典型景观专项、与旅游相关的风景游赏规划及其游览设施专项规划，更涉及遗产地可持续发展的空间规划、人口容量、基础工程、居民社会、经济发展、土地利用、规划实施保障等社会人文综合发展问题。由于“05 总规”即将于 2020 年到期，按照国家主管部门要求应进行实施评估，以项目成员组为核心的同济大学工作团队基于扎实的 WH+ST 项目现场工作基础，主持武陵源“05 总规”的实施评估及新一轮总体规划工作，进一步全面评估遗产地保护管理状况，整合遗产地价值体系，探寻“多规合一”和“五位一体”的武陵源遗产保护和发展之路，使世界遗产保护和发展与中国保护地体系实现实质性的对接。以此为契机，引领武陵源遗产地的保护和管理水平走向国际前列。

“05 总规”实施评估工作与 WH+ST 项目协同一致，紧密结合中国国情和保护地管理政策，将遗产保护与可持续利用落实到“五位一体”的战略之中。履行《世界遗产公约》，落实《实施世界遗产公约操作指南》，贯彻 WH+ST“召集世界遗产、旅游发展的利益相关者，通过合理的旅游管理，共同保护文化和自然遗产及 OUV，实现最终的可持续发展”的精神。

“05 总规”实施评估对武陵源遗产保护和发展的指导思想、规划目标、范围性质、资源调查与评价、资源分级分区保护与培育、功能分区与空间结构、风景游赏与容量、旅游服务设施、基础工程、居民社会调控、经济发展引导等16个专项进行评估。在以上评估基础上，对武陵源风景名胜区世界遗产地实现资源保护、游憩利用和社会发展三大任务的综合状况进行评估：其一，风景名胜自然资源和文化资源价值、世界遗产OUV以及价值载体的真实性和完整性保护状况；其二，可持续遗产旅游对遗产价值的认识和保护、解说、展示和体验；其三，可持续资源保护与可持续旅游对社区经济发展的贡献、社会文化自信，以及遗产保护与社区的协同发展状况。

WH+ST试点项目和规划实施评估工作的有效推进，极大地增强了政府及各利益相关者的密切互动和磋商，使遗产地的认识和管理水平有了极大的提高。磁悬浮工程项目的停摆和杨家界高速公路的改道是WH+ST试点项目及“05总规”实施评估工作的标志性成果。两项工作进行时，由张家界市穿越武陵源世界遗产区的磁悬浮工程正值酝酿之中，直抵世界遗产核心景区的杨家界高速公路也正在建设之中。地方政府希望通过应用高科技，引进清洁能源交通，解决遗产地现状交通瓶颈及环境污染问题，其初衷是积极的；但两个项目均有可能对武陵源世界遗产的美学价值和生态环境带来影响，并给遗产地带来空间结构的根本性改变，需要进行充分的系统性论证。项目组通过与各级政府主管领导和部门的充分沟通及协调，交流对武陵源世界遗产核心价值、国际世界遗产管理规则、中国及地方政府履行《世界遗产公约》职责等认识，最后达成高度一致的共识：世界遗产的保护需要遵守国际规则，武陵源应当遵循2015年第39届世界遗产大会对武陵源世界遗产做出的9条决议（39COM 7B.10）。由此，终止了磁悬浮项目方案，调整了施工中的杨家界高速公路设计，减小了其通过风景名胜区和世界遗产区的道路线型和宽度，并实施了局部生态修复，极大地降低了其对世界遗产区的影响。这是多方协同合作下，WH+ST试点项目在武陵源世界遗产地取得的重大保护成果，高度体现了中国政府履行缔约国职责的决心以及湖南省、张家界市、武陵源区政府和人民的大局观，为全球世界遗产地的多方协作的保护管理提供了一个成功的试点项目示范行动案例。

4. 调整武陵源国家公园试点机构，实现宏观的“多规合一”

建立以国家公园为主体的自然保护地体系是贯彻习近平生态文明思想的重大举措，是党的十九大提出的重大改革任务。自然保护地是生态建设的核心载体，中华民族的宝贵财富和美丽中国的重要象征，在维护国家生态安全中居于首要地位。

当前，国家层面的保护管理机构改革和调整已经完成，中国所有保护地均由自然资源部下属的国家林业和草原局和国家公园管理局实行统一管理（图 5-12）。湖南省、张家界市和武陵源区积极贯彻党中央国务院的决策部署，依据《关于建立以国家公园为主体的自然保护地体系的指导意见》，积极开展保护地体制建设的试点工作，围绕统筹推进“五位一体”总体布局和协调推进“四个全面”的战略布局，以“保护自然、服务人民、永续发展”为目标，理顺原有管理体制，创新运行机制，强化监督管理，完善政策支撑。努力建设分类科学、布局合理、保护有力、有效管理的遗产地保护体系和管理机制。新的保护发展观正在形成，以往的条块管理、多头管理以及部门壁垒的现象正在得到改善。

武陵源管理体制改革试点方案仍未最终确定，改革工作仍在进行中。WH+ST 试点项目及体制改革的步伐与方向清晰可见，高度体现了武陵源落实中央政策精神和贯彻中央文件五项基本原则的执行力。

第一，坚持“严格保护，世代传承”。通过学习世界遗产知识、世界遗产地先进保护和管理方法，以及提高对武陵源遗产价值的全面认知，各级领导以及各利益相关者高度统一认识：守护世界遗产，保护自然与文化，促进社会繁荣发展，建设美好家园，是中国政府对国际社会的庄严承诺，是每一个公民的责任和义务。

第二，坚持“依法确权，分级管理”。严格按照“山、水、林、田、湖、草是一个生命共同体”的理念，改革以往以部门设置、以资源分类、以行政区划分设的旧体制。在最新的武陵源政府管理机构调整中（2019 年 2 月），武陵源遗产地和风景名胜区的行政管理职能全部归口到区政府

图 5-12

国家自然资源部组织结构

根据自然资源部、国家林业和草原局、国家公园管理局及中国地质调查局网站信息整理。

林业局。优化整合现有保护地，构建新型分类体系，实行统一设置、分级管理、分区管控和依法保护，逐步解决武陵源遗产地在资源保护与社会发展中积累的历史矛盾和问题。

第三，坚持“生态为民，科学利用”。践行“绿水青山就是金山银山”理念，传承历史文化和传统生态智慧，探索武陵源自然资源保护和利用的新模式。实现以武陵源历史文化和自然资源价值保护、解说、传播、体验为核心的武陵源世界遗产保护及可持续旅游，带动社区生态旅游、文化旅游、乡村经济，增强遗产地社区的文化自信，建设优美人居和生态环境。

第四，坚持“政府主导，多方参与”。突出武陵源自然保护地建设中的社会公益性，保护生态权益。政府积极发挥在武陵源遗产地各项规划、建设、管理、监督、保护和投入等方面的主体作用，调动社区参与的积极性。WH+ST 试点项目成果，充分体现了政府、企业、社会组织和公众对遗产地保护和发展的积极参与和共同协作，开启了政府与各利益相关者建立长效合作机制的新模式。

第五，坚持“中国特色，国际接轨”。具有 5000 年历史的中华文明，文化足迹遍布大地。古老的农耕文明孕育了东方的自然哲学观和土地文化。武陵源世界自然遗产地，突出反映了中国世界自然遗产地拥有众多的村庄聚落、丰富的历史文化和多层级的价值积累，具有独特的中国文化印记。武陵源自然遗产保护体系及相应的机构改革，必须立足国情，继承和发扬我国自然和文化保护的探索及创新成果。同时，借鉴国际经验，对接国际世界遗产保护管理政策，积极参与全球生态治理，共谋全球生态文明建设。

对于国际国内社会高度关注、保护与发展矛盾冲突激烈的武陵源，保护地体制改革是一个机遇也是挑战，对于加强武陵源遗产保护、传播武陵源遗产价值、提升武陵源遗产旅游品质、理顺遗产地管理体制、带动遗产地社区协同发展具有重要的推动作用和示范效应。

5. 从度假村到“武陵源世界遗产保护研究与交流协同中心”，推进梓木岗“梓山漫居”的转型

项目组向遗产地社区居民宣贯武陵源世界遗产价值，推进了旅游、社区利益与遗产保护的可持续途径及示范作用。其中，最为突出的是在 WH+ST 项目的影响下，龙尾巴村梓木岗的“梓山漫居”从一个度假村成功转型为“武陵源世界遗产保护研究与交流协同中心”（下称“协同中心”）的示范案例（图 5-13）。

“梓山漫居”转型为“协同中心”不是一个偶然，而是武陵源的社会、文化基础和 WH+ST 试点项目推动的成果。“梓山漫居”位于通往武陵源风景名胜区的张清快速路以西，靠近核心景区梓木岗门票站，场地原为坐落于协合乡龙尾巴村的梓木岗林场管理区，占地 17.5 亩（约 1.167 公顷）。此处曾满山林木，还有一株千年梓树。梓木岗林场前身为永红林场，始建于 20 世纪 70 年代初，由原协合人民公社插旗峪大队、黄家坪大队、抗龙大队（现抗金岩村、龙尾巴村）出山场组建，1982 年 5 月更名为梓木岗林场，造林、伐木曾是当时人民公社的主要经济来源。但自 1993 年封山育林后，梓木岗林场一直处于歇业状态，自然植被被任意踩踏、焚烧，垃圾随意丢弃；所有办公用房、厂房均破旧不堪，成为 D 级危房；道路标识不明确安全隐患较多，场内及周边环境破败，逐渐成为一片坟地，与地块所属世界自然遗产区极为不协调，亟待整治（图 5-14）。2015 年，武陵源区政府专题会审议并同意由协合乡政府作为业主单位，湖南运通国际旅行社有限投资公司建设梓木岗林场环境整治项目，2017 年张家界市人大审议并通过该项目。

武陵源地方政府及投资建设单位对武陵源本土的乡土文化有着基本意识和关注，对结合武陵源优越的自然生态环境和土家族乡村民俗文化发展旅游、带动贫困社区居民就业和给老百姓增收，以及改善该区域的乡村环境等都有综合考虑，这是 WH+ST 试点项目能够与之对接、落实并取得良好效果的重要基础。然而，由于地方政府对世界遗产价值体系的完整性、自然遗产地社区的文化重要性，以及社区与旅游协同发展的必要

图 5-14

原梓木岗林场面貌

图 5-13

武陵源世界遗产
保护护研究与交流协同中心

性和可行性方法等认知存在较大局限，“梓山漫居”原规划设计理念仍未突破“度假村”的模式。WH+ST 试点项目及时给予了地方政府和该项目极大帮助，项目组带来了国际遗产保护和可持续旅游与社区协同发展的先进理念和方法，搭建了一个更好的平台，“梓山漫居”被提升到世界遗产与可持续旅游的创新平台上推进，有了发挥更大价值和作出更大贡献的机会；通过深入沟通和交流，项目组帮助地方政府及各利益相关者更全面地认识武陵源自然遗产价值，并认识到创造、实践新模式协同遗产保护、可持续旅游及社区发展的可行性，最终促成了“梓山漫居”从度假村向“协同中心”的成功转型。在这个过程中，项目示范行动开展了五个方面的具体工作。

第一，充分利用闲置土地展示武陵源地区地域性、民族性和乡土性的农耕文化，使传统社区产业与旅游发展协同。将前期按照 500 元 /（亩·年）的价格，从三四十户村民手中以租赁方式流转的各类土地共一百多亩，规划为农耕文化展示与体验基地（图 5-15）。协同中心返聘村民回来耕种，统一采用生态方式种植农产品，集中排污。同时，组织游客参观、体验农耕文化以及购买农产品。农民收入来源除土地租金，还有基本工资和收益分配，比之前单纯务农大幅提高。协同中心还协助村民改造“农家乐”，双方合作经营；游客到村民家体验农家饭，协同中心统一管理价格、农家菜品质量及服务水准等。此举既恢复了闲置土地及植被，传承延续了地域传统农耕文化，使原住民以力所能及的方式参与到遗产地的保护和发展中，增加了收益，成为遗产地收益主体，同时又提升了游客体验。在协同中心的带动下，龙尾巴村返乡人员增多，如外出打工者、回乡创业的大学生等。

第二，培训聘用当地居民从事协同中心的服务工作，提高社区参与遗产地保护和旅游发展的知识技能。协同中心共聘用当地居民五十余人在协同中心从事客服、保洁等服务工作，对文化程度较低的部分村民进行知识技能培训，经过岗前培训后参与服务。既向当地居民普及了遗产保护的知识，又提高了居民就业率，增加了居民收入，使遗产保护和旅游得到当地居民的更大支持。

图 5-15

协同中心与龙尾巴
村复垦生态农业

图 5-16

协同中心收集展示的
武陵源民间器物

图 5-17

协同中心展示武陵源非物
质文化遗产：织锦工艺

图 5-18

协同中心表演武陵源
土家阳戏："打花灯"

第三，通过协同中心宣传、展示当地的民俗文化，提高遗产地自然和文化附加值，促进社区经济产业发展与旅游发展协同。收集地方民俗物品（图 5-16），在协同中心搭建小型博物馆、纺织手工作坊以现场演示武陵源非物质文化遗产典型代表土家织锦的工艺（图 5-17），举办土家文化表演（图 5-18）、生态文明知识讲座等，让更多游客了解当地文化。同时，为居民创造民俗文化旅游产品的收益机会。在协同中心布置传统手工艺品、农产品展示和销售馆，推介武陵源织锦、砂石画等手工艺品，以及龙尾巴村的蜂蜜、葛粉等地方特色农产品，提升这些农产品使之转型成为旅游新产品（图 5-19—图 5-21）。

此外，协同中心的场地规划、建筑设计、室内装饰、饮食服务等也处处体现出其作为武陵源世界自然遗产及其丰富的自然资源和民俗文化的展示窗口，包括：其一，在整个规划区域置入世界遗产地的标识；其二，最大化保留原始地形地貌和利用原有梓木岗林场管理用房，控制新增建筑量及其对区域自然环境的影响，建筑保留了原有传统民居建筑风格和肌理，且融入武陵源自然遗产地环境中，展示武陵源聚落营造传统（图 5-22）；其三，修复场地内破坏的植被，并严格按照“05总规”要求，选用如银杏、珙桐、红枫、鹅掌楸、杜鹃、胡秃子、灰白毛莓等本地植物对区域进行植被覆盖，展示武陵源世界自然遗产地的植物特色；其四，场地内道路以步行为主，全部选用从当地收集的河滩石、原石铺砌（图 5-23）；其五，室内装饰方面，用武陵源本土植物标本、土家木雕装饰墙面，将土家族织锦直接用作室内吊顶，灯罩也用织锦缠绕装饰，使用富有本地农家生活气息的家具等（图 5-24）；其六，武陵源原梓木岗林场标志性的老梓树，整治前已经枯死，现对其根部进行加固，树干刷桐油养护，并安装了避雷设施，作为区域的地标保护起来，也成为协同中心见证场地历史的特色景观（图 5-25）。

第四，通过协同中心阐释、传播世界遗产价值，提供遗产保护信息服务，带动地方生态旅游，遗产价值解说、传播与旅游发展协同。将协同中心作为世界遗产培训、讲解基地。工作组在协同中心进行武陵源世界遗产 OUV 在地培训，宣贯遗产地旅游的核心价值及价值载体（图 5-26）；并结合协同中心的当地民俗文化展示，解说地方文化价值与世界遗产

图 5-19

协同中心宣传开发旅游纪念品：砂石画

图 5-20

协同中心宣传开发旅游新产品：土家族织锦服饰

图 5-21

协同中心宣传开发旅游纪念品：土家族银饰装饰画

图 5-22
协同中心建筑群（老林场管理部）

图 5-23

协同中心内就地取材的地面铺设

图 5-24

协同中心室内土家族建筑装饰

图 5-25

协同中心标志性景观：
梓木遗迹

图 5-26

协同中心展示
武陵源植物标本

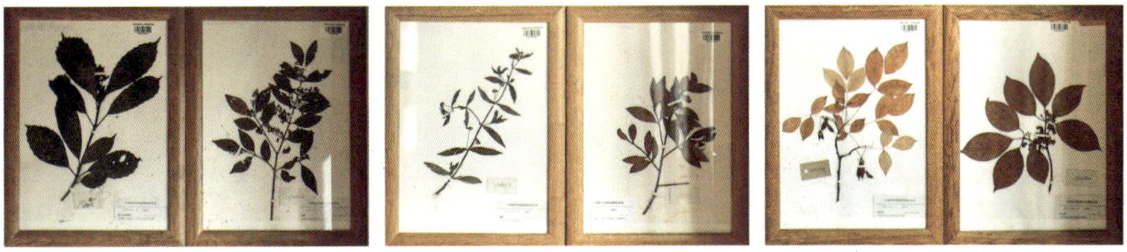

OUV 的紧密关系。当地居民通过协同中心平台，学习了解地方生态旅游需要诠释的核心价值和对象，以及价值解说的方法和途径。用讲解、陪同、土家宴等方式带动生态旅游，增加居民收入，使可持续旅游发展理念真正体现“绿水青山就是金山银山”。

第五，协同中心作为遗产地保护研究基地。武陵源自然遗产研究保护缺少开展遗产保护学术交流的功能性平台，协同中心将原林场管理用房改造为中小型学术交流研讨场所，使协同中心成为由 UNESCO 世界遗产中心、武陵源区政府和武陵源世界自然遗产保护办公室共同成立的世界遗产保护研究与交流学术性机构平台的载体，由武陵源区人民政府统一管理，区政府自然遗产保护办公室在协同中心设立专属岗位，从事协同中心的日常管理与维护。协同中心邀请世界遗产保护方面的专家作为中心的领导人，为武陵源自然遗产保护提供持续稳固的技术保障。协同中心可以为国内外科研机构和人员到武陵源开展短期和长期科学研究提供场地支持、组织遗产保护研究主题交流会、遗产研究新课题发布会等，促进遗产保护各领域的科学研究及多方合作交流，积累和分享研究成果，并指导世界遗产价值展示、解说与传播。WH+ST 项目组在协同中心开展了在地调查研究工作（图 5-27）。协同中心为前来进行科研的工作人员提供了便利且必要的住宿等后勤生活保障，从而化解了原设置过夜接待设施与“05 总规”的冲突，具有突出的示范意义。

图 5-27
WH+ST 项目组在协同中心遗产保护研究基地工作

6. “走出去，请进来”，加强国际沟通与交流，向世界推广武陵源遗产地 WH+ST 的示范成果与努力，赢得国际尊重

WH+ST 中国试点项目的目的，是要让世界了解中国，让中国走向世界。因此，试点项目首先要立足中国国情，尊重中国历史，摸清楚中国土地上的现状。同时，借鉴国际先进经验，探索中国特色的遗产保护与发展之路，在国际前沿贡献中国智慧，共谋人类命运共同体生态文明建设。其次，试点项目要扭转武陵源世界遗产保护在国际上的负面形象，展示中国各级政府与遗产地为保护世界遗产及为遗产地人民创造美好生活所做出的积极努力。另外，要让世界了解中国国情，在中国自然保护地里，有着生活在自然土地上的人民，以及由历史层累而成的深厚文化积淀，人与自然“天人合一”的东方哲学，是对世界遗产保护价值观的重大贡献，也是对世界自然和文化保护理论的重大贡献。

武陵源 WH+ST 试点项目期间，项目组积极主动地与联合国教科文世界遗产中心等国际组织保持沟通与交流。主动“走出去”，在世界遗产大会、东南亚世界遗产保护与管理国际大会等国际和地区会议上，积极宣讲 WH+ST 中国试点武陵源项目及其取得的实施成果。积极“请进来”，项目组牵线搭桥，邀请世界遗产官员、专家考察武陵源，提供与遗产地社区居民、地方政府管理人员面对面沟通的机会，了解遗产地真实状况，减小了彼此的误解，充分展示了中国作为遗产大国政府工作透明、不遮掩问题、积极解决问题、勇于承担责任的形象。

2018年6月26日，在巴林召开世界遗产委员会第42届大会，项目组与联合国教科文组织世界遗产中心共同设立“世界遗产与可持续旅游”边会，韩锋教授详细报告了WH+ST中国试点项目武陵源自然遗产和土司遗址文化遗产的工作方法、进展情况和实施成效。解析了遗产地的中国国情，以及通过政府规划管控，应对巨大游客数量、结合遗产地乡村振兴的世界遗产保护与可持续旅游策略与方法（图5-28）。使国际社会看到项目组遗产专家们严谨扎实的现场工作和专业知识，以及中国各级政府、各利益相关者协同作出的巨大努力，得到了教科文组织世界遗产中心和国际与会者的高度评价。

联合国教科文组织世界遗产与可持续旅游项目负责人Peter DeBrine先生、亚太地区项目官员Roland Lin先生，以及法国东方文化遗址保护联盟主席Etienne Mathieu先生，先后应项目组邀请考察了武陵源世界遗产，走访天子山、袁家界、金鞭溪等，详细了解遗产地保护和管理、土家族民俗文化及其文化景观、社区与可持续旅游发展状况。并深入武陵源区军地坪、协合乡龙尾巴村，与社区居民、村民及旅游经营者进行交流座谈，共同探讨遗产地与社区协同发展、遗产地文化可持续传承保护以及遗产地人与自然和谐发展等问题，向遗产地社区居民和管理者宣贯联合国教科文组织世界遗产保护和可持续发展的理念和政策。这是中国第一次国际上专家来跟村民直接的面对面交流，具有示范意义（图5-29—图5-31）。

图 5-28
韩锋教授介绍武陵源试点项目情况与成果

图 5-29

世界遗产中心官员与龙尾巴村村民代表座谈交流

图 5-30

世界遗产中心官员与居民、从业人员交流

图 5-31

世界遗产中心官员了解武陵源特色旅游产品

积极的国际沟通工作，为武陵源的旅游可持续发展提供了很好的国际交流机会，为中国遗产地重新赢得了尊重，也为中国政府减轻了来自国际的压力。2019 年，在阿塞拜疆巴库召开的世界遗产委员会第 43 届大会，关于武陵源世界遗产的决议经磋商，无需进入严苛的大会公开审议程序。通过示范行动，武陵源成为连接全球世界遗产保护和可持续旅游发展的窗口。

5.4 武陵源 WH+ST 项目成果评价

2019 年 1 月，WH+ST 中国试点项目“世界自然遗产武陵源风景名胜区”和“世界文化遗产土司遗址 - 贵州海龙屯”在亚太遗产中心（上海）举行结题评审暨研讨会（图 5-32）。UNESCO 世界遗产中心 WH+ST 项目负责官员 Peter Debrine、亚太遗产中心（上海）副主任 Simone Ricca、项目主管 Marie-Noel Tournoux、复旦大学旅游学系肖潜辉、同济大学建筑与城市规划学院严国泰、上海淘旅行网络科技有限公司唐一波以及由湖南省张家界市武陵源区区长郑小胡和贵州省遵义市汇川区区长曾征带队的 30 名地方官员、中国试点项目研究团队成员共 54 人参加了评审及研讨。

评审专家和地方管理人员与研究团队就研究成果进行了细致的交流和讨论，对成果的完善、实施和传播提出建议。评审和研讨会高度评价了

图 5-32
项目评审和研讨会参会人员合影

WH+ST 中国试点项目成果，认为试点项目基于充分调研发现的问题精准切实，不仅在中国遗产地具有很强的典型性和代表性，而且具有国际普遍性。在中国旅游市场发展过热、重开发轻保护的大背景下，两个中国试点项目意义深远，试点遗产地的努力有目共睹，具有中国特色的探索对全球世界遗产与可持续旅游具有示范作用，极大地推进了遗产地管理水平和能力提升，促进了遗产地各利益相关者的沟通和协同。

5.4.1 武陵源 WH+ST 中国试点项目的意义

与会专家及遗产地领导管理干部一致认为，武陵源风景名胜区世界自然遗产 WH+ST 中国试点项目成果丰硕，具有重要的理论和实践示范意义。

1. 正本清源：厘清中国风景名胜区世界自然遗产价值体系认知

武陵源世界自然遗产是以风景名胜区为主体的中国国家遗产体系的典型代表，其遗产保护与旅游发展之间的矛盾既是全球遗产地面临的普遍问题，又突出反映了中国国情、社会发展等综合性问题。世界遗产保护和可持续旅游发展的基石是价值观及其观念下的价值认知。武陵源 WH+ST 示范项目不仅很好地完成了“加强对武陵源世界自然遗产突出普遍价值及其载体再认知”的目标，更通过系统、扎实的自然和文化遗产资源调查，识别了支撑武陵源世界自然遗产 OUV 的遗产地地方历史文化价值，全面厘清和架构了武陵源国际、国家和地方多层次遗产价值体系。由此，武陵源 WH+ST 示范项目让世界了解了以中国风景名胜区为价值基质的中国世界自然遗产的价值特点，揭示了中国世界自然遗产地具有独特的自然文化性，对世界遗产的真实性、完整性的阐释贡献了基于中国传统的自然价值观和智慧。

2. 落实创新：WH+ST 示范项目理念和方法实践与拓展

武陵源 WH+ST 示范项目在武陵源世界遗产地宣贯世界遗产保护与管理、WH+ST 项目理念和方法，全面提升了社会各界对武陵源世界遗产 OUV 及其载体的认知，识别出了武陵源世界遗产价值、国家级风景名胜区价值和地方价值及其在保护管理中的价值冲突，自然遗产保护与文化遗产保护的冲突，以及世界遗产资源保护与旅游效益共享分配之间的矛盾等。武陵源世界遗产 WH+ST 示范项目制定的“加强宣传与培训，全面提升价值认知”“加强调查与研究，总结价值体系”“多规合一，提升管理水平”“推动以遗产价值保护、解说、传播体验为核心的可持续旅游”“鼓励和保障社区参与”“加强国际沟通”等发展策略，以及针对这些策略展开的包括“组织世界遗产能力培训”“深入遗产地社区调查，架构价值体系”“科学规划评估”“国家公园试点机构调整”“世界遗产保护交流与研中心平台”“走出去，请进来”等具体示范行动，是基于中国国情、武陵源世界遗产保护、旅游发展和社会实际情况，尊重中国悠久的自然文化历史的策略与行动。因此，武陵源世界遗产 WH+ST 示范项目奠定了中国自然遗产地保护和社区协同发展的价值基石，协调了自然保护与社区文化传承和发展的矛盾，探索了以利益相关者多方参与的遗产保护和可持续发展路径。武陵源 WH+ST 示范项目的实施，是在落实中创新，同时也是在创新中的落实，是对全球 WH+ST 项目理念和方法的示范实践与拓展，在国际世界遗产最前沿贡献了中国智慧与实践示范。

3. 开放共享：WH+ST 示范项目平台优势发挥与集聚效应提升

武陵源 WH+ST 示范项目成果展示了 WH+ST 示范项目发挥集聚世界遗产保护与可持续旅游发展经验共享、遗产价值全球与地方共享、可持续旅游发展收益与社区共享等效应的平台优势，提升了遗产地保护管理水平、可持续旅游发展以及社区发展模式。武陵源 WH+ST 示范项目打造了一个开放共享的平台。

首先，示范项目给遗产地带来了与国际组织对话的机会，让中国世界遗产地学习和了解国际遗产地管理的政策和先进经验，同时也让世界了解了中国国情、中国自然遗产地的复杂社会状况，以及中国政府为保护世界遗产所做出的巨大努力和贡献。国际政策与遗产地保护的智慧和经验能够通过这个开放平台交流、传播与分享，消除误解及消极影响。

其次，世界遗产是全人类共同拥有的宝贵财富，世界遗产OUV超越国界，应当通过真实、完整的阐释为全人类共享。但世界遗产OUV不能脱离为其支撑的国家价值和地方价值，遗产价值的阐释也就不能仅限于OUV，应当是对包括地方价值的完整世界遗产价值体系的阐释，而地方价值的阐释是基础。武陵源WH+ST示范项目全面加强了武陵源各利益相关者的世界遗产价值体系认知，并推动了以遗产价值的保护、解说、传播、体验为核心内容的可持续旅游，使以武陵源为代表的中国风景名胜区的自然价值观、遗产价值、自然的文化性和自然利用的智慧得到完整诠释和有效分享。

最后，武陵源WH+ST示范项目将社区视为遗产地的有机组成部分，在自然遗产地的管理中识别、保护生物与文化多样性的连续过程，重新认识社区价值，将社区历史文化价值纳入遗产价值体系中，并在此基础上鼓励、引导以社区为基础的自然资源保护与可持续旅游。当地居民是世界遗产的主人，但在自然遗产地的保护及旅游发展利用中，当地居民一直处于弱势地位，价值往往被低估；另一方面，当地居民对旅游发展潜在的种种社会、经济和环境影响未必完全了解，由于自身素质的局限，很难以主人翁的态度积极参与到世界遗产保护和可持续旅游中。在武陵源WH+ST试点项目的示范行动中，充分考虑和创造社区居民参与遗产保护和可持续旅游的政策机会、就业机会、创业机会和受益机会，积极引导和安排居民在遗产地旅游再就业，搭建起利益相关者协同平台，使WH+ST示范项目成为协同遗产保护、可持续旅游和社区利益分配，创造、共享遗产保护和可持续旅游增值经济效益的平台。

4. 持续发展：遗产保护管理、旅游发展与社区参与协同可持续

武陵源世界遗产保护和可持续旅游与社区协同发展，不因WH+ST示范项目完成而结束，而是将其作为一个新起点。遗产地保护管理、旅游发展、社区参与三者之间并非简单的线性、单向关联，而是相互关联、共赢增长的“三角形”结构关系；其中，保护世界遗产价值是各个工作的基础，从保护管理出发，理顺各部门的管理权责，修订协调统一

的管理规划，为旅游和社区供一个公平合理的经济市场，为社区居民创造一个合理的产业空间布局，为旅游发展营造合理的风景游赏规划；从旅游发展出发，健康的经济市场能够为保护管理提供持续的经济效益，为社区参与提供更多技术培训和工作机会；从社区参与角度，公平的旅游市场能为安居乐业和保护管理提供持久稳定的外部条件，反馈旅游市场更多的活力，最终形成可持续的良性循环。这是一个动态和持续的过程，需要不断对不同方面的变化做出调整以维续动态平衡。

5.4.2 项目发展展望

武陵源 WH+ST 项目虽然告一段落，但发现的问题不是一朝一夕可以解决的，遗产保护与可持续发展的探索是一项长期而持续的艰巨任务。武陵源试点项目为大量的后续工作翻开了篇章，各重点议题及探索之路才刚刚启程。基于武陵源 WH+ST 示范项目奠定的基础，在后续需持续着重推进的工作包括如下四个方面。

1. 武陵源利益相关者世界遗产价值体系认知

价值认知始终是世界遗产保护和实现可持续旅游的前提条件，武陵源 WH+ST 示范项目已经全面梳理了包括 OUV 的完整的武陵源世界遗产价值体系，以及 OUV 载体、乡村人文资源、特色农业文化景观及分布，基于此，武陵源应该加大对武陵源完整世界遗产价值体系的宣贯力度。

第一，针对不同利益相关者、受众群体，进一步宣传武陵源世界遗产价值。基于现有资源，加强地质公园博物馆与武陵源中小学的教育科普活动，开展例如“认识我们的家园”专题活动，从发现家园中特有的地质地貌、河流水系、珍稀动植物，通过摄影、绘画、写作、讲故事等多种方式引导学校学生了解武陵源 OUV 及民俗文化、乡村文化景观等，再通过中小学生将知识传递给父辈，从而对居民进行知识和教育的逐步渗透。该活动可以通过亚太遗产中心“世界遗产教育”项目进一步落实，对于开展遗产教育较好的中小学，可以参加亚太遗产中心“世界遗产教育基地”的评比。团体游客对于遗产价值的认知的重要途径来自导游，武陵源区政府可以与旅游企业进行合作，开展设计导游词、手绘地图、特色旅游产品等方面的有奖竞赛，鼓励导游或旅游公司从业人员提供创意的旅游产品。竞赛中获奖的导游可以为武陵源旅游从业人员开展公益性宣讲，并将手绘地图和特色旅游产品通过旅游从业人员进一步宣传推广，对于宣传较好的旅游从业人员或商铺进行星级点评，在旅游公司、政府网站获得优先推荐的资格。此外，还可以聘请文创公司为武陵源设计与世界遗产 OUV 相符的文创纪念品。对于行政管理人员，相关的遗产价值认知课程可以融入结合政府已有的培训，并在考核中纳入相关的测试内容。

第二，专项拨款提升景区内 OUV 及载体的标识和解说。中国智慧景区已经做得相当成熟，武陵源也具备一定的基础。地方政府可以在遗产价值载体区域设立标识牌，并通过扫码获取官方解说信息，解说信息可以与上述竞赛相结合，对于核心价值载体可以采用短视频的形式进行地质地貌、水文系统、生态系统演进史的展示。“张家界旅游”官方网站和官方微信平台，应对世界遗产地“武陵源风景名胜区”有单独的阐述，必须包含 OUV 三要素的内容，消除游客对张家界和武陵源以及六大招牌带来的概念和名称混淆。武陵源地方对遗产区的范围并不了解，结合行政区和现有界碑，对武陵源遗产区设立界碑。在武陵源门票、地图等相关旅游产品标注武陵源遗产区范围。

2. 武陵源世界遗产价值保护与管理

WH+ST 试点项目已为武陵源管理体制改革明确了方向，改革及职能落地需遵从以下三点原则。

第一，在国家部门调整背景下进一步改革保护管理体系，理顺、整合现有武陵源森林资源、风景资源、地质资源和动植物资源等遗产地资源的管理体系。通过统一 OUV 保护主体，明确张家界市和武陵源区的权责分工，创立管理机构之间的协调机制。

第二，统一协调政策法规，建立保护 OUV 的管理体系。通过自然资源部的机构调整，提高、强化世界遗产保护体系的主体地位，重点统一协调风景名胜区、森林公园、地质公园、自然保护区的政策法规，结合《湖南省武陵源世界自然遗产保护条例》的修订，将森林公园、地质环境保护条例与之整合，或废止。

第三，“多规合一”，明确规划目标，以武陵源 WH+ST 示范项目及《“05 总规”实施评估》识别的武陵源世界遗产风景名胜区价值体系为基础，修编《武陵源风景名胜区总体规划（2020—2040）》，作为遗产地保护管理的依据，协调和解决“05 总规”评估识别的规划范围、边界、遗产资源、OUV 载体、游览、基础设施、居民点调控等之间的矛盾。

3. 武陵源作为旅游目的地管理与运营

武陵源 WH+ST 示范项目对于武陵源旅游市场进行再定位，旅游管理与运营可以通过以下两方面开展。

第一，优化游览线路，丰富游憩机会。以武陵源 WH+ST 示范项目和“05 总规”评估对武陵源自然和人文价值全面梳理的成果，作为旅游线路设计、游览设施布局、居民社会调控的依据。在游览线路设计时充分考虑游赏需求、游赏项目组织的差异性、游赏体验的差异化和完整性、游客容量、游览设施、居民点等内容，既有适合大众观光体验的组织，又有可供深度体验的线路，尤其是沿线有遗产价值载体的石家峪、清风峡、江屋峪、廖家界、张三界、索溪水库、板栗山、鹞子山、白虎堂、观音山等线路的开发，丰富旅游产品，吸引不同游客，增加旅游收入。结合村居特色（协合乡和中湖乡为综合农业生产基地，天子山镇重点发展高山云雾茶、果园和“双低”菜油、优质花生、山茶籽等油类植物生产，索溪峪无公害蔬菜生产基地、旅游工艺品生产基地，等等），通过民俗文化、乡村休闲、养身等深度体验项目，一定程度平衡各地发展重点并发挥旅游带动作用，为地方居民、企业带来更活跃的经济市场，刺激地方商业服务业、农业产业的发展。

第二，优化旅游收入分配机制，为保护与管理提供资金保障。地方政府可以从门票和资源有偿使用费的收入分配机制开始，加强利益相关者的决策参与，使之了解收入分配的主要目的和用途，公开细则内容并欢迎各方予以监督，同时鼓励构建遗产保护专项基金，欢迎多途径的资金来源，为遗产保护与管理提供资金保障。

4. 武陵源社区参与遗产保护和旅游发展

武陵源 WH+ST 示范项目，只有地方居民了解武陵源的价值，才有可能会参与到武陵源的保护工作中并产生自豪感。除此之外，武陵源社区问题还与地方政府管理息息相关，主要包括以下几方面内容。

第一，优化社区空间布局，产业经济引导协调保护发展。结合《武陵源风景名胜区总体规划（2020—2040)》，在充分识别武陵源自然和人文价值载体的基础上，重新进行功能区划，以解决世界遗产价值不完整、社区发展需求未得到满足、管理难度大的问题；重新进行游赏结构划分，依据 OUV 载体、风景资源评价、风景游赏规划对景区功能结构进行合理的调整；建议引入分区管理政策，对武陵源的分区管理政策进行明确的规定和限制。

第二，依据区域发展的总体目标、产业演进规律和趋势，以及与 OUV 载体和居民点的空间关联性等，策划各类产业发展规划。根据资源特征、现状基础及其区位，分别以保护、利用、开发等为导向，专业化与辅助产业相结合，生态、业态、形态、文态，四位一体。建立符合本区实际的产业发展体系。按照调控、管理、建设一体化的要求，做好微观层面的产品和业态项目策划以及空间层面的基地 / 产业单元 / 产业带等落地规划。针对村居布点调整和目标人群的利益诉求，单独制定相应的村居产业援助规划，保障配给合理的生产资料，包括种类、数量、质量及场所。

第三，创建有效沟通平台，共同营造安居乐业健康环境。搬迁安置缺乏对居民生产生活的充分研究，导致居民与政府矛盾重重；另一方面，拆迁需要的费用政府也无力承担。搬迁安置并不是唯一途径，也绝对不是最佳途径，反而有违世界遗产保护与可持续人地环境的初衷。居民目前最大的问题在于生计，政府应主导设计一套解决居民生计的计划方案，例如定点为游客提供餐食服务，为居民提供政策红利鼓励自主创业、提供培训机会、提供推荐就业与参与新兴产业的机会等。以此入手改善政府与居民的关系，政府再通过村居点，汇集旅游公司、服务机构等利益相关方，共同搭建与居民的沟通平台，弥补供需之间的差距。

世界遗产和可持续发展的重点将始终围绕遗产地能力建设、社会发展（就业、减贫）、资源可持续利用、土地伦理、环境公平、文化多样性、共享价值和责任等关键议题，同时必须将数字时代共享经济纳入遗产地的发展，使得遗产地共享时代红利和福利，并增强遗产地的社会和经济韧性。

缩略词列表

ICCROM	International Centre for the Study of the Preservation and Restoration of Cultural Property 国际文化财产保护与修复研究中心
ICOMOS	International Council on Monuments and Sites 国际古迹遗址理事会
IUCN	International Union for Conservation of Nature 世界自然保护联盟
OUV	Outstanding Universal Value 突出普遍价值
UNEP	United Nations Environment Programme 联合国环境规划署
UNESCO	United Nations Educational, Scientific and Cultural Organization 联合国教科文组织
UNWTO	United Nation World Tourism Organization 联合国世界旅游组织
WH+ST Programme	World Heritage and Sustainable Tourism Programme 世界遗产与可持续旅游项目
WHC	World Heritage Committee 世界遗产委员会
WHITRAP	World Heritage Institute of Training and Research for the Asia and Pacific Region 亚太地区世界遗产培训与研究中心（亚太遗产中心）
05 总规	《武陵源风景名胜区总体规划（2005—2020）》
90 总规	《武陵源风景名胜区总体规划》（1991 年批复）
《操作指南》	《实施〈世界遗产公约〉操作指南》 *Operational Guidelines for the Implementation of the "World Heritage Convention"*
《工作手册》	《世界遗产与可持续旅游工作手册》 *World Heritage Sustainable Tourism Toolkit*
《世界遗产公约》	《保护世界文化和自然遗产公约》 *Convention Concerning the Protection of the World Cultural and Natural Heritage*
张管局	张家界武陵源风景名胜区和国家森林公园管理局

图书在版编目（CIP）数据

世界遗产武陵源风景名胜区 / 韩锋等著．—上海：同济大学出版社，2020.6
ISBN 978-7-5608-8938-2

Ⅰ．①世… Ⅱ．①韩… Ⅲ．①风景名胜区—介绍—张家界市 Ⅳ．① K928.706.43

中国版本图书馆 CIP 数据核字 (2020) 第 103113 号

联合国教科文组织“世界遗产与可持续旅游”中国试点项目
世界遗产武陵源风景名胜区
韩锋　等著

责任编辑　江　岱
助理编辑　周　轩
封面设计　张　微
责任校对　徐春莲

出版发行　同济大学出版社　www.tongjipress.com.cn
地址：上海市四平路 1239 号　邮编：200092　电话：021-65985622
经　　销　全国各地新华书店
印　　刷　上海安枫印务有限公司
开　　本　787mm × 1092mm　1/16
印　　张　14
字　　数　349 000
版　　次　2020 年 6 月第 1 版　2020 年 6 月第 1 次印刷
书　　号　ISBN 978-7-5608-8938-2
定　　价　98.00 元